我
们
一
起
解
决
问
题

未来十年，普通人应该怎样做

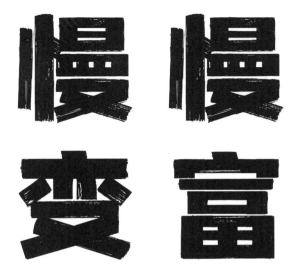

慢慢变富

十点

著

人民邮电出版社

北京

图书在版编目（CIP）数据

慢慢变富 ： 未来十年，普通人应该怎样做 / 十点著
. -- 北京 ： 人民邮电出版社，2023.1
ISBN 978-7-115-60117-9

Ⅰ．①慢… Ⅱ．①十… Ⅲ．①投资－基本知识 Ⅳ.
①F830.59

中国版本图书馆CIP数据核字(2022)第179914号

内 容 提 要

个人的投资理财之路，首先要选对方向，只有降低预期，让自己慢下来，才能真正变富。

本书作者通过回顾自己在艰难的家庭环境下坚持学习的成长过程，放弃稳定的国企工作毅然专注创业获取人生第一桶金的曲折经历，以及从短线投机到长期价值投资的转变历程，对自己的人生经历加以总结，指出投资理财是人生路上的一项重要选择，在这个过程中，一定不要有一夜暴富的想法，而需要有慢慢变富的心态。在投资过程中，只有能够长期坚持的人，才能取得稳定持久的收益，最终过上没有财富焦虑的美好生活。

本书适合期望通过合理的投资理财规划过上美好生活的普通工薪阶层读者阅读。

◆ 著 十 点
　　责任编辑　王飞龙
　　责任印制　彭志环

◆ 人民邮电出版社出版发行　　北京市丰台区成寿寺路 11 号
　　邮编 100164　　电子邮件 315@ptpress.com.cn
　　网址 https://www.ptpress.com.cn
　　天津千鹤文化传播有限公司印刷

◆ 开本：880×1230　1/32
　　印张：7　　　　　　　　　　　2023 年 1 月第 1 版
　　字数：200 千字　　　　　　　2024 年 10 月天津第 7 次印刷

定 价：59.80 元

读者服务热线：（010）81055656　印装质量热线：（010）81055316
反盗版热线：（010）81055315

广告经营许可证：京东市监广登字 20170147 号

最好的故事依然还在明天

我很喜欢十点的文字，一个很重要的原因是我自己写不出来这些内容。我写东西比较循规蹈矩，从自己这头写向读者那头，写完之后，读者常常还没看出个所以然，这让我毫无快感。

十点则不同。他的写作主题常常是有感而发、信手拈来，他码字时也很轻松自在。他能迅速跳到读者的视角开始写作，不会让读者产生疏离感，甚至让读者有一种拉家常式的亲近感。这样的文字，他写得惬意，读者看着也欢喜，天天追着看。

十点多年笔耕不辍，靠的就是一个"诚"字。

那些劝人不要沉溺短线炒股的警示，那些让人避开理财陷阱的呐喊，那些教人长期投资的诤言，都是他在利他心理驱动下的苦口婆心的劝诚。即使他的文字有一些主观导向，有一些远景展望，又有何不妥呢？要知道，在弱肉强食的股市里，能够躬身入局，真正为弱势群体振臂高呼的人，实在太少了。

作为十点多年分享内容的精华采撷，作为他在基金、股票投资，创业领域和生活方面持续学习和迭代的一个缩影，这套书终于呈现在大家面前了。

虽然这套书洋洋洒洒几十万言，但是结构却简洁清晰：理念上围绕"投资理财都是为了美好生活"，万变不离本质；方法上从"如何远离亏损"到"怎样赚高确定性的钱"，再到"追求长期复利"，层层递进；工具上从基金聊到价值股，从定投聊到长期持有。

这套书诚意满满，在投资实例和经验心得的分享与畅聊之下，是十点对生活智慧和人生意义的思考。书中的见解和建议不仅希望将部分"非理性"的投资者推向"理性"，还希望进一步将他们从"理性"推向"非理性"。

前一个"非理性"是指我们的原始基因，即贪婪、恐惧等本能反应让大多数人不适合做投资，我们一定要克服这些本能；后一个"非理性"是指我们用"理性"赚到可持续的收益后，一定要记得活得"任性一点"去改善生活，不要过分算计。毕竟财富最大化并非目的，生活过得美好舒心才是最终目标。

在把生活过得美好舒心这个方面，十点堪称楷模。而他对美好生活的分享，也催生了美好的关系和事业。其中，在电商的一片"红海"中，十点硬生生地开拓出了"闯货"购物平台，这是他最重要的"作品"。

"闯货"在商业之外、利益之上的构想让人心驰神往。就在本书即将付梓之际，大家还讨论了是否可以效仿以色列"基布兹"模式，构建一个解决员工生活、居住、教育和家庭等方方面面需求的命运共同体。

"闯货"购物平台的愿景如下：让所有相关方——客户、员工和供应商——都过上美好生活。十点像巴菲特一样，依然跳着踢踏舞做着"世界上最有趣的工作",并坚信最好的故事依然还在明天。感恩这个时代,感谢十点兄的分享,我受益匪浅,希望你们也一样。

芒叔,十点的朋友

— 推荐序二 —

股海茫茫觅灯塔

十点君邀请我为其新书写序，对于投资我是门外汉，怎堪此任？但我为其诚意感动，却之不恭，只好从命。

在 2022 年 2 月 25 日，A 股市场迎来了一个历史性的时刻。当天，中国证券登记结算有限责任公司发布消息称，A 股投资者开户数量已达 2 亿。这是一个天文数字，是世界上除了中国之外的任何一个国家都难以想象的数字。据悉，虽然有近半数股民属于重复开户，但是真正在股市交易的投资者仍大约有 8000 万人。

可以说，每一位股民都是怀着美好的憧憬踏入股市的，他们希望通过投资增加收入，跑赢通货膨胀，甚至实现财务自由。然而，"七亏二平一盈"的股市"定律"导致 70% 的股民是常年亏损的。股市如海洋，看似平静的海面下实则暗流汹涌，充斥着种种套路。这片海洋时不时会出现一场台风，导致狂风暴雨、巨浪滔滔，许多股民辛苦积攒的血汗钱被骤然吞没，最终只能扼腕痛惜，望洋兴叹。

我就曾是这 70% 的亏损大军中的一员，俗称"小散"，又名"韭菜"。

在 2011 年，我自学了一些 K 线之类的知识，初涉股市。因对投资一窍不通，我主要通过看股评、听消息和追热点来炒股。在我眼中，所有的股票基本就是不同的代码而已，哪些公司是垃圾公司，哪些股票有投资价值，我懵然不懂。而股票总爱和我玩"躲猫猫"，我刚买进，它就"跌跌不休"，直到我忍受不了煎熬"割肉"了，它就开始上涨。经历了 2015 年上半年的大牛市，我好不容易把过去亏损的本金追了回来，但是经过接踵而来的史诗级大雪崩，千股跌停、千股停牌，国家出手救市后的千股涨停，再到 2016 年初熔断制的千股再跌停，我已是亏损累累、屡战屡败、心灰意冷。

茫茫股海，云谲波诡，我苦苦寻觅，希望有高明的老师为我指点迷津。

改变，发生在 2018 年的春天。

朋友推荐给我一篇十点君的文章，内容是关于价值股分析的。我读之后，欲罢不能。十点君从十个方面对一只价值股详加分析，文字内容有理有据，令人信服。

从那以后，我开始密切关注十点君的公众号。十点君陆续分析了 A 股多家优质公司，这些文章让我茅塞顿开：投资，就是沙里淘金，就是要寻找有雄厚实力、宽阔的护城河且十年、百年不倒闭的公司长期持有。价值投资，才是股市投资的正道。而追涨杀跌、跟风盯盘和炒概念的投机取巧，结局必然是亏损，不仅会影响投资者的工作，还损害了投资者的健康和家庭和睦。

十点君的公众号名为"拾个点"，它在周一至周五每天上午十点更新推文。文章的主题大多是向粉丝传授基金定投、价值投资之道，偶尔也谈谈创业和生活。作者苦口婆心、不厌其烦地告诫粉丝：如何远离亏损，怎样才能赚钱。真诚之心令人感动。

在2018年，A股市场持续下跌，泥沙俱下，最优质的公司也跌到了买得起、值得买的点位。我选取了几只十点推荐的价值股，坚定地持有它们，它们跌得越多，我买的数量越多。在年底进行盘点时，虽然我仍是亏损，但那几只价值股的成绩竟然跑赢了上证指数、深证成指和创业板指数，证券公司的经理表扬我"打败了80%的投资者"。我从心底里感激十点君，是他无私的帮助，引导无数不懂投资的"韭菜"们走上了价值投资的坦途。

在茫茫股海，十点君如同一座灯塔。当股市行情大好时，他会一再发出警示，让大家规避行业泡沫即将破裂的巨大风险；当瘟疫、战争这些可怕的"黑天鹅"来袭，股市哀鸿遍野、资金踩踏出逃时，十点君会挺身而出，向粉丝们大声疾呼：双倍或四倍定投指数基金！果然，在每次非理性的持续暴跌后，市场都迎来一波大反弹。正因如此，十点君赢得了众多粉丝的信任，他是一个有大情怀的人。

与许多堆砌术语、故作高深的财经文章写手迥异，十点君在写关于投资的文章时，深入浅出，循循善诱，文章如同他本人，真诚而朴实，通俗易懂的语句中蕴含着深刻的投资理念和人生道理。

现在，凝结十点君多年心血的文章即将结集出版，我深信，定有更多的读者从中受益。

是为序。

雷敏功，十点的粉丝

自　序

　　近 10 年我看了很多好书，真的很感慨，感谢前人为我们写了这么多好作品，让我们这些后人得到如此多的智慧。在投资方面和经营企业方面，我都是前人智慧的受益者。

　　首先是投资方面，因为这些好书，让我从短线交易的泥潭里脱离出来，拥抱了价值投资，不但赚到更多更稳定的收益，而且还有了更幸福的投资体验。

　　做短线交易的时候，我每天不免会受累于当日股价的波动，心情总是会受到影响。而现在，我买入了自己理解的好公司，"不管风吹浪打，胜似闲庭信步"，这种感觉真的很美妙。

　　长期来看，价值投资还可以让我获得额外的收益。因为不用每天盯盘和复盘，我有了大量时间可以用在阅读上。这样的转变一开始可能只为了有更好的投资收益，但我慢慢地发现，自己的思维广度和深度都发生了质的飞跃。

　　近 3 年，我最大的变化就是依照从书中学习的知识，从 0 开始打造了一个年销售额近 10 亿元的新型电商平台——闯货，而且它每年还在以百分之几百的速度成长。我大胆地预言一下，20

年后，与闯货类似的模式可能会成为中国电商行业的主流。

短短几年时间，从 0 开始，我们用从前人书本上悟到的智慧，打造了一个 300 多人的团队，构建了一个没有任何营销套路的电商平台。可以说，闯货的诞生与发展，都是由前人的智慧推动的。

在我自己的新书即将出版之际，我要特别感谢几位作者和他们的作品，感谢他们赋予我智慧。

第一要感谢《基业长青》的作者吉姆·柯林斯，阅读他的这本书，让我们拥有了非凡的企业文化。

第二要感谢稻盛和夫先生和他的作品《阿米巴经营》，这本书让我们拥有了出色的财务管理和独特的成本核算机制。如果没有《阿米巴经营》，也许我早已被淹没在烦琐的"签字"审批中。正因为采用了阿米巴经营模式，我这个管理着 300 多人团队和每年数亿元采购额的企业"掌舵者"，才能够从年头到年尾没有签过一个字，而我们的账务体系依然井然有序，阿米巴经营模式真的很了不起。

第三要感谢里德·哈斯廷斯和他的作品《不拘一格》，这本书让我们构建了坦诚的企业核心价值观，由此才有了今天如此清明、快乐、高效的企业文化。同时，《不拘一格》中提出的人才密度理念帮我们聚拢了如此多的优秀同事。

第四要感谢黄铁鹰老师和他的作品《海底捞你学不会》，这本书教会了我们如何做服务，由此才有了今天闯货的优质服务理念框架。当然，也要感谢张勇的无私分享，让我们学到海底捞的精髓。

　　这些好书都真真切切地帮助了我们，如果没有这 4 本书，一定没有我今天的成就。我在深深地感受到阅读的重要性的同时，也深深地认识到提供优质好书的重要性。除了好书和它们的作者之外，成就我自己这 3 本书的还有出版社老师们的辛勤付出，只有出版过书才能真真实实地感受到这些"幕后英雄"的重要性。我这次出版的 3 本书如果没有出版社编辑们的辛勤工作，就没有出版的可能。由于书中的内容都是我历年即兴发挥写在"拾个点"公众号上的文章，表达比较口语化，可能还有错别字，标点符号也不是很标准，离正式出版物的差距比较大。对文稿中种种问题的修正，工作量非常巨大，感谢人民邮电出版社的编辑老师们逐字逐句的"批改"——就像老师在帮我批改作业，这才有了今天这 3 本正式出版的书。

　　基于对前人智慧的感激和传承，我决定把自己这么多年学习和总结的内容整理成书，虽然不是什么高深的"智慧"，但确确实实是适合普通人改变现状的好建议。**我自己从一个身无分文的农村孩子成长到一个拥有数百人团队的管理者，依靠的就是我在这 3 本书里和盘托出的好建议。**我的父母都是文盲，家底一穷二白，我靠降分录取考取了一个最普通的专科学校（因为报考这个学校的人少、招不满才降分）。我这样一个普通人的命运扭转很好地印证了一句话：人只要有理想，经过长时间的不断学习和努力，理想都会实现。这是我近 20 年来最深的体会。同理，还可以套用马云的一句话："我能成功，中国 80% 的人都会成功。"这句话用在我自己身上，可以再夸张一点："我能成功，中国 99% 的人都会成功。"

今天的我拥有出色的团队、稳定的公司、幸福的家庭、自由的时间、自主的工作等 99% 的人梦寐以求的东西——也许还有 1% 的人不屑于这些，那么除了这 1% 的人之外，你们都可以读一读我的"好建议"——《指数基金定投》《长期价值投资》《慢慢变富》。

最后，感谢我的妻子十点嫂，虽然她的年纪不大，看上去还不到 30 岁，但是 60 岁、70 岁的"拾个点"粉丝都这么称呼她。因为我在文章中经常提到她，当时我比较随意地为她取了"十点嫂"这个昵称，如今大家也已经习惯了这个称呼，甚至已经忘记了她的年龄，十点嫂的名字就这样很神秘地在"拾个点"的粉丝中流传，但是她的智慧却是真真实实地存在的。十点嫂拥有非凡的胸怀，我今天的格局完全是她赋予的。每到关键时刻，她总能给予我最好的建议。可以说，没有她就没有我的今天，借此机会，我想要再次表达我对她的感激之情——可能她还不一定高兴，因为她最怕受人关注！

另外，要特别提一下我那一对同一天生日的小公主——注意，是同一天生日，不是同一天出生。由于老二的预产期与老大的生日只相差 5 天，我跟十点嫂商量了一下，决定让老二提前 5 天出生，这才有了每年姐妹俩一起过生日的欢乐时光！当初，我的想法也很简单，希望姐姐（妹妹）自己过生日的时候，也能想到妹妹（姐姐）的生日，永远不会忘记互相祝福。我这个老爸出版的这 3 本书，也算给她们留下了一点成长的心得，但愿她们俩喜欢看。我还要感谢我的父母，虽然他们一字不识，但是他们赋予了我最宝贵的品质——诚实。可以说是诚实给予了我今天的一切，哪怕是写公众号"拾个点"——在有些人为了吸引流量而各显神通的时候，"拾个点"的诚实风格赢得了几十万名忠实粉丝。

如果你喜欢这3本书的内容和风格，欢迎来公众号"拾个点"找我，我依然会坚持周一到周五每天更新一篇2000字左右的文章，这件事情我已经坚持了整整7年。讲到这里，我不得不感谢我高中的语文老师，他在高一就布置了一个"变态"的作业，每天要求我们写一篇作文，高中3年，全班只有我一个人坚持下来了，没想到这在二十多年后成就了3本书的诞生。这再一次印证了那句话：今天的努力都是为将来的成就架桥铺路。

希望我的书也能成为构筑你未来成就的"砖块"！

— 目 录 —

要改变生活，先改变认知

颠覆你世界观的观点

塔勒布所著的《反脆弱》一书中有一个观点——"压力源即信息"，我认为非常有道理，而且准备将它付诸实践。

那么，塔勒布认为的**"压力源即信息"**是什么意思呢？

对于这个观点，我的理解是，你的身体之所以能够获知信息，并不是源自你的智慧、逻辑能力、推理能力和计算能力，而是源自你的压力。比如，如果你短期受雇于一家钢琴搬运公司，从事搬钢琴的工作，那么你的骨骼会变得越来越坚韧，这个变得越来越坚韧的过程源自身体对搬重物的压力的反应。如果你在床上躺了一个月，那么你的肌肉就会萎缩，这源自肌肉失去了压力。**所以一切身体的反应都源自压力。**在非洲的一些部落中会有女性用头顶重物来搬运东西的习俗，这种压力对健康有一定的帮助。传统的理论认为衰老会导致骨骼老化、骨密度下降，从而使骨骼变得更加脆弱。**塔勒布认为人体这套复杂的系统是因为缺乏压力而衰老的**（这大概可以解释为什么健身的人显得年轻），**从而降低了骨密度，头顶重物产生的压力就是适度地给骨骼负重**。比如那些用头顶重物来搬运东西的女人，她们因此有着非常健康的身体和健美的体态。**还有特别要注意的一点，"压力源的刺激频率非常重要"**。这句话的意思是，你不能长期处于高压状态。比如，如果你持续地每天都非常辛苦地从事高强度的劳动，那么这对身体也是有害的，因为身体没有获得恢复期。但是为什么有些生活在农村中的老年人一生辛苦劳动反而更健康？主要原因是他们的劳动节奏非常慢，累了就会休息。并且他们晚上睡眠质量好，得到了充分的休息，从而让身体恢复过来，第二天依然精神抖擞。**我们正确对待压力的方式是在经历了高强度压力后，要给予身体一段恢复期**，所以科学的身体锻炼不是天天高强度运动，而是运动一天休息一天或两天。塔勒布说："人类在急性刺激下会比慢性刺激下表现得更出色，尤其是在急性刺激后给予身体较长的恢复期，这将使得这些压力源成为信息的传导渠道。"

注意，这里面特别提到了两个条件：急性和低频率。塔勒布举了一个例子，比如，一条蛇从键盘里面突然爬出来，这种突然刺激会对我们产生强烈的冲击，随后我们要通过很长一段时间的舒缓期来重新控制自己的情绪，这会对我们的健康有利。当然前提是你战胜了这个恐惧的压力源，而不是因此一蹶不振。反之，塔勒布认为，**平时持续温和的压力对我们的健康有害——注意**

"持续""温和"这两个特点。比如，你的贷款压力可能会持续二十年，你的家庭不和睦的压力可能会持续几十年，以及你每天上下班不能迟到一分钟，迟到就会被罚款的压力（所以我们的管家们是没有考勤要求的）会一直持续，直到你退休。这些都是温和而持续的压力，如果长期如此，会对身体非常有害。**这种低水平压力源的害处是没有给予身体恢复期，而且持续几十年，这对人精神的伤害会比较深！**人体可以因压力源的刺激而变得更为强壮，但要以一定程度为限。我们应该通过提重物而非使用健身器材来强健骨骼。塔勒布在健身房的锻炼时间都很短——每次只是努力举起比前一次更重的杠铃，然后离开，仅此而已，但是最后他却练就了大块头的肌肉。他自嘲地说，每次在机场有搬运工想做他的生意，他总是眼睛一瞪，那些搬运工就知趣地离开了，但来到演讲会场时，观众却很不适应——观众都习惯了一个专家是大腹便便或白面书生的模样，从没有见到一个像他这样有着"屠夫"外表的专家。

　　所以**塔勒布的《反脆弱》一书的伟大之处就是，他写出的东西都是他自己实践后证明有效的理论，只是他写出的东西都不同于传统的思维，甚至有悖于我们认识的常理**。比如，有些人从不感冒，一生病就是大病，原因是平时没有小病的反脆弱训练，身体看似强大，其实很脆弱。所以你不要认为那些经常感冒的人的身体一定不好，可能他的身体具有反脆弱性，寿命会很长。在农村经常会看到这种情况，有些老人总是病恹恹的，但是很长寿，有些壮如牛的青年人，可能身体反而非常脆弱。其实我们人类最可靠的就是自身的免疫系统，而免疫系统的建立就是一个构建反脆弱系统的过程，需要不断地遇到问题，做出弥补措施，由此使系统越来越强大。

人体这套系统强大到你无法想象，精密到你无法想象，你不能违背自然规律，不能用太多的药物和设备去干预这套系统，否则它会垮掉。所以知识真的能够让你在生活的方方面面都做到泰然处之，而这些都只要很小的投入，花几十元钱买本书，把你无聊的玩手机的时光花在这本书上，你的生活就不知不觉地改变了。

读书就像吃饭，你平时可能感觉不到一顿饭的重要性，但是如果你几天不吃饭，那么你的身体就垮了。所以如果你的生活现在不太如意，那是因为你已经很久没有补充"知识的营养"了，生活急需这样的营养来润色和提升。赶紧行动吧！也可以先选一本自己喜欢的领域的书，从听书开始，你会发现原来你也是喜欢读书的。

精选留言

关关睢鸠：

是的，我在十点君这里知道了《反脆弱》这本书后，就去听了有声书。平日里我很喜欢听书，反正都是利用睡觉前这类的空余时间，几年下来，居然也积累了不少知识。

十点：

太好了。

我心飞翔：

《反脆弱》让人思考、反思、前行……体味生活的悖论。

风雨无阻：

感谢十点老师荐读！有压力才有动力，动力来自反作用力。

贫穷的本质是什么

前不久发生了一件很值得讨论的事情，任职于麻省理工学院的一对夫妻和他们的一位同事，3 个人获得了诺贝尔经济学奖，获奖的研究成果就是他们关于贫穷的本质的研究。没错，他们就是因为研究穷人而获得了诺贝尔经济学奖。

那么他们的研究揭示了哪些贫穷的本质呢？

第一，穷人更擅长浪费钱。比如，大办红白喜事，为了面子撑场面，一辈子的积蓄都用在这些消费上；为了面子，一定要买一辆养不起的车，但平日根本用不上，如果用同样的钱买了房子，或许还能增值！

第二，穷人比富人有更高比例的消费支出。比如，为了面子，贷款也要买 iPhone 手机。

第三，穷人不相信教育。据统计，教育是很靠谱的价值投资，如果你每增加一年的教育投入，平均收入就可能会提高 8%。

教育可能会让你更聪明，越聪明就会越注重学习，提升认知能力。所以对于月薪还不到 5000 元的人来说，最有可能快捷致富的手段是让自己聪明起来，先投资自己的脑袋，而不是跟着资本大佬在资本市场博弈。

第四，穷人更相信奇迹的发生，而不相信常识。巴菲特曾经讲的一些内容都是常识，没有一样东西是奇迹，如果你能把常识当作宗教般信仰，就会有奇迹发生了。

第五，穷人更爱面子。越没本事的人越爱面子，因为半桶水才晃荡得厉害，真正有本事的人是真的很低调，因为他的价值不需要靠"吹牛"来实现。

所以最后，这 3 位学者得出了**一个结论：扶贫不是靠资金，而是靠改变信念。**就是这么一句话让他们获得了诺贝尔经济学奖。但就是这句话，让全世界的扶贫工作找到了正确的方向。

其实**定投的最大意义有两点。第一，让你的财富不再缩水；第二，让你被强制储蓄。**就像一个池子里面，先把出水口堵住，哪怕进水口一滴滴地进水，你也会欣喜地看到水位在上涨。否则，不论你们多努力，只要那个出水口哗哗地流水，就怎么也储存不起来水！

最后送大家一段话。

你永远赚不到超出你认知范围之外的钱，除非你靠运气。但是靠运气赚到的钱，往往会靠"实力"亏掉，这是一种必然。你所赚的每一分钱，都是你对这个世界认知的变现。你所亏的每一分钱，都是因为你对这个世界的认知不足。这个世界最大的公平在于，当一个人的财富大于他的认知时，这个世界有一万种办法去收割他，直到他的认知与财富相匹配为止。而避免我们陷入孤绝境地的办法永远只有一个，那就是看准目标与方向，沉静、持续地努力。

精选留言

荣荣：

老师好！小散的一夜暴富观念就是难改，所以成了"韭菜"，虽然并不情愿让人收割！

十点：

通过反复说，我希望慢慢会改变很多人的暴富观念。

819 美国行：

"有钱人可以光明正大地小气"。我曾参加过一次同学聚会，有一位自己创业的同学中途借故退场，并到柜台问清此餐费用后，按人均费用将自己的费用交纳完毕。此举受到一些同学的责怪，认为他过于小气，分得太清楚等。而我的理解是他觉得在这个聚会上得不到有价值的信息，这只是一种例行的日常问候式的同学交流，坐上半个多小时就可以了，不必花过多的时间泡在这里，他有更多的事要去做。

十点：

确实是这样，他能发展得好就是因为他的思路对了。

第 一 章

人生道路上的选择

一个车库是如何改变我的命运的

我小时候非常调皮，几乎属于那种不读书的人，记得初中一年级时我的数学从未及格过，分数最高的一次大概只考了 50 多分。但到高考的时候，数学成了我成绩最好的一科，也是我最感兴趣的一门课程。初一时家里人几乎认定了我读书不行。我父母是文盲，一天学也没上过，不可能辅导我。我的姐姐从小成绩很好，年年都能获得"三好学生"奖状，可我在九年义务教育中几乎没有获得过一张奖状。我最厌学的那个阶段大概是初一的时候，因为我成绩太差了，就想初中毕业后跟着我表哥去作木匠。我天生对木工感兴趣，现在我的车库里面有好多工具，我经常做些小东西，花园里的花架、花盆都是我自己做的。

尽管厌学，但是我告诉自己初中一定要毕业。所以我每天上学都是浑浑噩噩的，希望早点初中毕业，这样我就可以去学木工了。但是家里的一次重大变故，让我一下子明白应该依靠自己，不能再依靠家人了。我父亲在一次工伤事故中受了重伤，家里失去了主要的劳动力，而我是家里唯一的"男人"了。家庭的重担一下子落到了我的肩膀上，心里思来想去，唯有读书才能改变我的命运。而这个时候距离中考只有 3 个月了，我决心努力读书。

这 3 个月是我思考最多的 3 个月，我几乎把人生过去的 17 年和未来 20 年都思考了很多遍，最后我再把大目标分解成了若干个小目标，分阶段去一一实现它，而且内心无比坚定。

所以在写作本文之前的那个周末我又见到高中时的班主任老师，当时**我告诉他一句话："人真的只要有理想，都会慢慢实现。"**其实我想给老师讲发生在我身上的真实案例，通过他去传播给家庭出身贫寒的学生，让他们努力学习，改变自己和家庭的命运。不论什么时候，只要开始努力都会迎头赶上，我在高中、大学、工作、创业中都没有比同龄人差，虽然我努力得晚了，但是直到创业 5 年后，我慢慢赶上了落下的差距，直到现在，我应该比很多名牌大学毕业的人过得好。**当然不是比财富，其实也不用比，我只是要说明一个问题：什么时候努力都不晚，哪怕你已经退休了，也不晚。**

中考之前的那 3 个月，考入普通高中成了我唯一的短期小目标，我没日没夜地学习，身边的人都觉得我像突然变了一个人。我从初一的课程开始自学，除了白天要上正常的课程外，晚上还要额外自习补课。那时候没有补习班，我们家的家庭条件也不允许我花钱补课。但就是这种自学方式，慢慢培养了我的自学能力，让我终身受用。基础差、时间短，尽管我很努力，最终考得还是不理想。但我还是达到了普高的招考分数线，如果我要去市里好一点的高中，必须要交 6000 元赞助费。因为不想花父母的血汗钱，所以我毅然选择了就近的很普通的一所中学，普通到什么程度呢？学校里较为出色的高中老师都被市里的好学校挖走了，最后由初中的老师来教高中的课，我记得我们的物理老师自己在黑板上做了一堂课的题，一道题目都没有解出来。所以坐在下面的同学有的睡觉，有的聊天，反正没人学习。所以高中3年我又一次明白了，我只能依靠自己。那时候我寝室里的室友也都是一副混日子的状态，晚自习时下棋聊天，熄灯后赌彩票，反正能玩的他们都玩了。**但是我告诉自己，这些事我一件都不能参与，因为我来上高中的唯一目标是：考大学。我时时刻刻都不能忘记目标。**但是我又不能制止他们的这种行为，毕竟还要处好同学关系。所以我那时候整夜失眠，在思考怎么解决这个问题，一开始我拿着一个手电筒躲在被窝里面看书——因为寝室很早就会熄灯。但就是这样的行为，被同学看到了也会被取笑，他们会叫我"大学生"，他们认为我想考大学就是"癞蛤蟆想吃天鹅肉"。我认为他们这样想也是正常思维，毕竟我进学校的时候成绩已经是全校垫底的了，而我们全校每年能考上大学的大约不会超过10个人，可想而知，大部分同学进了这个高中就是认为能正常高中毕业已是万幸，考上大学对95%以上的同学来说都是遥不可及的目标，对我这样全校垫底的同学来说更是奢望！

有一次我真的思考了一夜，第二天我去找班主任老师，把情况如实反映了，在寝室真的无法正常学习。我相信他也看到了我平时很努力，一定会主动帮我想办法。最后，他让我住他家的车库。对我来说，这真的太好了，车库有里外两个小房间，一共大概6~7平方米，里面一间有一张床、一个书架，外面的一间里有一张小书桌。他们还能在剩余的空间里停两辆自行车。就这样，这个只有1.5米层高的车库伴随了我两年半的高中生活，每天我放学后就回车库潜心读书，作息非常规律，每天中午也会回车库午休。**我每天早上 6 点半起床，打开一台破收音机收听《新闻和报纸摘要》节目，同时洗漱好，然后我就开始读英语，7 点 10 分到教室早自习，晚上 9 点晚自修结束后我会回到车库，再看 1 小时书，每天 10 点准时就寝。**这种单调的生活持续了两年半，几乎没有任何休息日，大年初一我也在学习。周六和周日，我都要回家帮妈妈做农活，所以周一我要很早出发去学校，为了省下 2 元钱的车费，我高中 3 年没有坐过一次公共汽车，都是骑自行车，大概要骑 1 个小时。冬天的每个周一早上，为了赶上 7 点 10 分的早自习，我必须 6 点从家里出发，而冬天一般要 6 点半左右才会天亮，所以每次当我骑到一半的路程时，才会看到天蒙蒙亮。那时候的乡下没有任何灯光，我还会路过很多坟地，确实有点害怕。就是靠这个车库、规律的作息，我慢慢开始和同学们的成绩拉开了差距。可以说没有这个车库，就不可能有后来读大学的我。1998 年，我参加了高考，那是国家扩招的前一年，大学的录取比例相对后面几年低很多。那年我们学校特别惨，最后连我在内全校只考上了 2 个人，如果我是全校第三名，那么我就没有机会继续读书了。而另外这位同学从进校开始，他的成绩一直是全校第一。高中 3 年，尽管我已经很努力了，但也只上了一所普通得不能再普通的专科学校，就像 3 年前临近中考的最后 3 个月，尽管非常努力，最后也只上了一所普通得不能再普通的高中。但我还是很珍惜，如果我没有读这个高中的机会，那么我就没有读这个大学的机会。如果我没有读这个普通大学的机会，那么我就没有后来的一切，所以我一直很感恩我每一步的所得。

就这样，直到 1998 年，我人生的两个小目标都实现了：上高中、上大学。到了大学后，我开始制定大学三年的目标：第一年我要努力学习，参加学校的一切社团活动，安安静静地待在学校里学习；第二年我要开始参加社会实践，打工、做家教赚生活费，同时积累实践能力；第三年我要正式接触与我所学专业相关的工作单位——哪怕是免费干活，为找工作做准备。大学的最后一年包括暑假，我都在帮单位义务劳动，直接的好处就是毕业的时候几乎多个实习单位都要我留下，最后我去了一个大型国企从事与我所学专业相关的工作（而当时这个单位在100多个竞聘的人里面只招3个人，其余两个同事都是名牌学校毕业）。从上班的第一天开始我就知道，虽然单位不错，但是我一定会辞职出来。因为我又制定了人生的下一个目标：一定要创业。所以从第一天上班开始我就在为自己的创业积累资金和经验。过了若干年，终于到了可以独立创业的时候，我毅然放弃了做得非常出色的工作，整个公司的人都没想到我会辞职。**我记得当时的领导知道无法挽留我，最后给我出了一个"两全之策"，让我先在单位保留职位，等创业成功后再彻底辞职。我断然拒绝了，因为我知道创业的艰难，必须砍断后路、保持专注度才能成功。**若干年后，我用创业积累的资金开始投资，用10年专注短线交易，我很幸运能够遇上身边的高手H和W，少走了很多弯路。前几年我遇到芒叔，又开始专注价值投资，才有了今天真正的财务自由。

一路过来，我很幸运遇到相助的人，有最初的车库才有机会上大学、找到一个好工作、养活自己、创业、投资，才有机会、有时间写出这些文字。**所以我的人生就是从一个车库开始改变的，真的是车库改变命运。**所以我特别感恩我的老师，从毕业到现在已经 20 多年了，我几乎每年都要去看他，我想在未来的日子里永远心存感激。虽然这件事对他当年来说是举手之劳，但是对我而言却改变了命运。所以我们现在要多施善举，也许你的一个举动就改变了别人的命运，我今天在这里写这个故事，也许也会改变几个人的命运，这大概是我的最大动力！**把这个故事特别献给年轻人，如果你现在还刚出校门，要学会不跟风，每个阶段用几年专注自己的小目标，只要有理想，都会一一实现！如果你选择得过且过，那么再好的机会也轮不到你，再有能力的人也帮不了你！**

精选留言

蒋庆：

看完这个故事后，我哭了，就好像我也在回忆自己的过去，我突然想到自己初中的时候也是躲在被子里打着手电筒看书。后来在银行工作，我和你一样，也想自己创业，可是现在生了重病，人生到了低谷，很迷茫。病治好以后我要怎么去靠价值投资翻转人生？请十点老师指教，能不能帮我理一理思路。

十点：

你一定是在努力的同时忘记了身体才是一切的基础，好在你还有机会，能够治好病就是最大的资本，你应该感到庆幸。财富已经不那么重要了，过好每一天的日子，努力把生活过得精致，爱家人、爱生活，忘记代表财富的数字，一切都会好起来！

蒋庆：

生病后，我想了很多，回忆自己的过去，意识到了我以前没有认识到的很多事情，而且我也明白了自己为什么会生病，我一定会好起来的。我接下来打算多陪陪孩子，但是我也需要自己赚钱养自己和孩子，所以现在我就是在想接下来怎么去学好炒股，我是选择找一份工作还是选择专心研究股票。关于以后的路，我好想和你多聊聊。

十点：

不要学短线投机，那是一条死路，做好指数基金定投和价值投资即可，长期持有。把所有精力花到你之前所积累的事情上，做减法，保持专注。当你专注一件事情2~3年以后，你会发现，专注比聪明更重要，关键时刻可以轻轻松松把事情做成。很多人做不好事情就是因为不舍得放弃，面面俱到，最后累死也做不好！

Andy Rui：

我们的经历很相似——80%相似。不过我比十点老师早两年考大学，不然也作木匠了，当然我没有十点老师这么成功，不过我对现在的生活也很满意了，很高兴人生的路上遇见你：老师你好！

十点：

什么叫幸福？就是满足于自己所拥有的。什么叫成功？就是得到了自己想要的东西。前者比后者重要1万倍，很多成功者都很痛苦，所以我一开始的定义就是做一个幸福者，而不是成功者！

翱翔自我：

又是一篇好文章！我是一名班主任，我们的学校和你当年上高中的学校一样！我要向学生推荐一下你写的这篇好文章！

十点：

太好了，又可以改变很多人的命运了！感谢这位有心的老师！

万事大吉：

努力不一定成功，不努力永远不会成功。

十点：

说得非常对！努力起码可以让人看到希望！

早早启：

这比畅销书上的故事都要感动人，直击心灵。每时每刻都有目标，并去实现，这个人生就是幸福和充实的。人最怕的是不知道自己要做什么，我们应该在帮助别人的同时提升自己。

李岩：

我和您有相似的经历，我的家庭条件很差，最开始我的学习成绩也不好，不过说不上很差，中等水平。当明白"除了自己谁也不能依靠，但是人还要努力去让自己变好点"的时候，人总是能迸发出很大的能量，不过考上大学之后，尤其是在大三，我开始有所懈怠，那时觉得自己还不差，有个亲戚生活得不错，也给了我一些帮助，让我觉得有了一些依靠，之后就开始浑浑噩噩过了几年。十年前，我又再次警醒，继续努力，现在一直在正确的路上走着。而且感到"人真是越努力越幸运"。以前总想着"尽人事，听天命"，只有努力过后才发现"我命由我不由天"。

十点：

你已经悟到真谛了。

而已：

感谢你！最近我的情绪十分不好，感觉提前进入了中年焦虑期。我的日子过得茫然且没有目标，找不到成就感和价值感，股市里还赔了好多钱，自己一点也不懂股票，完全是撞大运，当初就像个赌徒一样拿着所有钱冲进股市，想象着赚到钱兑成现金后拿给父母看的景象，结果……

十点：

为什么要做给别人看呢？放弃这些想法，你自然不会负重前行了！试试只关注自己的小目标！

君安：

深有感触，尤其是读到"我相信他也看到了我平时很努力，一定会主动帮我想办法。最后，他让我住他家的车库"。我也是在高中之前养成了自学的习惯，高中后早上6点早自习，晚10点下课回家，但还是保持回家自学2~3个小时的习惯，这样导致我的睡眠严重不足，整天混混沌沌，找班主任咨询，得到的评价却是"不够努力"，就这样整整一年才调整过来，遇到一个好的老师是多么重要啊。

十点：

其实不用关注别人太多，盯牢自己的目标即可，这样会少很多烦恼，也少浪费很多精力！

A华仔：

真的很感人，这是很多农村孩子的真实写照，靠自己的努力换来自己今后几十年的好生活。

李青青：

很感动，成功从来不是随随便便获得的。你的成功之路不仅对年轻人有启示作用，对我们老年人也有教育意义。我们所剩时日不多，但更要活到老学到老，健康向上地过好每一天。

菘菘：

儿子今年中考，到了最后冲刺阶段偶尔会有小情绪，刚把十点老师的这个故事读给他听，希望他能领会到其中的精髓！

十点：

太好了，希望有正面的激励作用！

红糖花生：

任何时候开始都不晚。年过四十，很想改变经济状况，十点君给了我希望。

十点：

从定投开始，你的财富就会只增不减了！

Julie Zhang：

我是女性，和十点老师应该是同龄人，我们的少年经历差不多，我的父母是文盲，母亲患有肾病，我借钱看病上学，中考我超过了重点高中的分数线，但选择了上中专，只想早点工作。谁知1999年中专毕业后，我在企业工作一个月的工资只有200元；后来我去做操作工，加班加得昏天黑地，一个月工资也就500元左右。于是我自考了大专、本科，现在也算中等收入。但过了40岁感觉精力跟不上，而且要兼顾老人、孩子、工作。之前我在业余时间里做过很多小买卖，现在工作之余也做做投资理财，自学能力也算是我的优势，闲时种种花和菜，现在也是满院繁花的时候。人吧，努力固然重要，身体和心态更重要，而且要选对方向，方向错了就是白忙活。个人之见。

十点：

感谢分享，你也是幸福者。

缘灭：

成功的人都能自律。我也有梦想，也想像老师一样，可是我目前没有资本，所以我只有努力工作、认真工作，才能积累资本，感谢老师分享。

十点：

每个阶段的目标不一样，做自己力所能及的事情。

simon：

归根结底，人最重要的品质就是自律，对普通人来说，自律可以改变命运，可以改变阶层，我身边太多年轻人就是不自律，看着让人着急。

十点：

说得很有道理！

网友江某某：

我看完文章和到目前为止所有的留言后，眼眶湿润了。我年龄比你大一轮，也是从较困苦的农村出来的。1988年中专毕业后，我被分配到县级人民银行工作，虽然目前担任了县支行的行长，但你的目标明确、善思考、严自律、强执行的优秀品质还是令我自叹不如。现在总觉得年纪大了有所松懈，看了这篇文章后，我要重新打起精神来，不断提升自己、充实自己。让今后的生活更美好、更幸福。感谢你的精彩分享！

十点：

加油，你已经是一个成功者，正在做一个幸福者！你的人生也是满满的幸福！

大金福：

我是比你大几岁的"70后"（也是靠读书才没有作成木匠），一直内心自卑和焦虑不安，过了45岁才知道是因为自己没有小目标，并没有脚踏实地提升自己。非常佩服十点老弟！自律的人生才会赢，感受到了你的真诚。

十点：

加油！

杰：

相信每个有着相同经历的人都会看湿了眼眶，感恩，努力成为最好的自己。我是老师，一定会把这个故事讲给我的学生！谢谢！

十点：

加油！老师是最值得尊敬的一个职业，你可以改变更多人的命运，回味会更幸福！

洗一只耳朵：

现在，我更能明白为什么我父亲的有些学生毕业多年后还买礼品来我家看他。记得我有位初中同学家庭条件艰苦，洗头刷牙这种事都是能免则免，我父亲某天中午买了一包洗发水给他，让他去洗个头。

十点：

你有一位伟大的父亲！他是一个真正的成功者！

梦想成真：

看完十点老师这个车库和高中班主任的故事，也让我想起了自己的艰辛求学之路和恩师——初中的语文老师。正是恩师的帮助才让我改变了命运，实现了自己的梦想，并在上海创业成家。直到现在，我从事自己喜欢的这份家教教育事业，就是为了帮助更多需要帮助的孩子，所以我也特别喜欢"梦想""理想"这些词，人只要有梦想，加上坚持，是一定会实现的！

十点：

太好了，记得去看看老师！

讲讲我自己"偷懒"的经历

我之前曾转载了央视播出的关于传奇女校长张桂梅和1804个女孩的故事，**看完了这位传奇女校长的所有采访视频之后，我真的泪流满面，太伟大了，通过一个人的力量改变了那么多孩子**

的命运！我们现在太需要这样的时代人物了。我认为她比历史上的英雄更伟大，因为她的努力，让 1804 个孩子的家庭命运发生了根本变化，甚至改变了孩子所在村庄的命运，因为这个孩子会影响整个村庄的孩子的追求。**张老师说得好，让女孩接受教育可以影响三代人。**同时，也希望这样的故事能够改掉这些深山沟里"重男轻女"的可恶旧观念，但愿祖国每个角落的人民都能过上美好生活！

所以本节我想讲个股票以外的话题：人必须要有颗"偷懒"的心！

很多人从小被父母教育要勤劳致富，我认为这需要辩证地理解，只有勤劳是致不了富的！我们做过股票的人最清楚，天天辛辛苦苦盯盘短线交易，搭了工夫又贴钱。而如果你"偷懒"，买个指数基金，买个价值股，一动不动长期持有反而轻轻松松赚钱了。在生活中也一样，有些人一辈子勤勤恳恳，但是生活一直过得紧紧巴巴。

在农村，每个村里不安于干农活、各处"偷懒"的人往往最先发家。尤其是改革开放后，这些人往往是第一批吃"螃蟹"的人，也是第一批成为"万元户"的人。为什么会这样呢？**答案就是：不是勤劳，而是"勤脑"！也就是我们每个人都要"勤脑才能致富"。"偷懒"是"勤脑"的唯一动力！**

我给大家举几个我自己"偷懒"的故事。

第一个"偷懒"的例子：考大学。我当初考大学的唯一动力就是为了"跳出农门"、为了不用种田，这是典型的"偷懒"精神！只要一想到在烂泥巴和着人畜粪便的田里插秧，熬夜读书的苦又算什么呢？咬牙坚持，奋力拼搏，我最终考上了大学。

第二个"偷懒"的例子：插秧。我小时候在家插秧的时候也想过很多"偷懒"的办法，我建议父亲不要和别人一样用育秧再插秧的方法，直接播种就可以。但是父亲是一个传统的农民，老祖宗传下来的方法就是这样，你不要想着"偷懒"。这个传统的思想，稍有创新，就几乎被否定在萌芽状态。**所以这种育秧种田的方法延续了几千年，竟然没人去更改。**直到近 10 年，农村人普遍采用直接播种的方法，不再那么麻烦了。那也是形势使然，因为现在农村没有人种田了，田都集中到了种粮大户的手里，劳动力不够，只能用这种方法了。事实证明，这种"偷懒"的办法，不但效率高，而且产量也更高。因为使用拔秧插秧的方法会破坏根系，影响秧苗的生长发育。如果使用直接播种的方法，中间会减少一个步骤，秧苗的长势会更好。这就是"偷懒"带来的进步！

第三个"偷懒"的例子：养蚕。小时候，在江浙一带的农村，养蚕需要摘下桑叶来喂蚕宝宝，那时候我每天放学回家，和姐姐两个人要摘好多桑叶，又累又辛苦。我在摘桑叶这个事情上，想过很多"偷懒"的方法，但是没有成功。**后来，我干脆换个思路，就是剪下枝条后，叶子不要摘，直接喂蚕宝宝。**这样做之后效率提高了很多倍，还带来了另外一个好处，有枝条做支撑的蚕宝宝更通风了，发病率也低很多。这就是"偷懒"带来的好处，祖祖辈辈 2000 多年都是使用摘下桑叶来喂蚕宝宝的方法，就这样，我又一次破坏了祖宗的规矩。

第四个"偷懒"的例子：工作。大学毕业后，我进入了一家大型国企，也是服务型企业。当初我负责后台的技术支撑工作，一旦前台服务人员有棘手的问题，就会发给我们这个部门，我负责其中一块业务的技术支撑。我们部门其他同事都是忙得天天加班，还经常被前台的人投诉。而我天天准时上下班，从不加班，还会受到前台人员的表扬。本部门的领导开会公开放话："你们要是有×××的本事，也可以准时上下班。"

那我到底有什么秘籍呢？还是"偷懒"！我的同事们都是自己干活，我则是把工作分发给几十个前台人员，让他们自己干。那人家凭什么替我干活呢？为他们着想，替他们考虑，他们自然心甘情愿为我干活！客户碰到问题，首先会找到前台人员，而前台人员解决不了，他们会把工单转到我们的后台技术支撑部门。每天一个前台人员给你一张工单，你一天就要处理几十份工单，忙得团团转还有可能因为延迟处理工单而被人投诉，这就是我的同事们的工作状态。而一段时间下来，我把所有常见的问题整理出来，分门别类，做成图文结合的文件发给我们的前台人员。他们拿到这样的"宝典"，几乎可以解决99%以上的问题，不用发工单，还及时答复了客户，这是他们最开心的事情，否则如果他们的工单超时，也会受罚。而且我的空闲时间比较多，所以我的服务还会做得更细致。我把文档发给他们后，再单独通过电话来询问他们是否看得懂，如果有不懂的地方，我会单独教他们，慢慢过了一段时间后，他们都会了。难得遇到一个文档不能解决的问题，工单发过来后，我回复得很快，这样的服务响应能不被表扬吗？而我的同事疲于应付每天的繁忙工作，根本没有时间和精力去梳理，哪怕他们知道我的方法，也没有一个人效仿。

第五个"偷懒"的例子：洗碗。我们家厨房的卫生一直是由我负责的，这是十点嫂规定的，无论我多忙，都必须洗碗，否则她觉得自己就是一个保姆了，做饭又洗碗。我也觉得挺好，家庭成员每个人都参与家务劳动，体验不同角色的辛苦，才像一家人。而且每次洗碗的时候我边听书边干活，感觉也很好。

这可是一个用了好多年的老厨房了，连油烟机上都一点油腻也没有，这都是我"偷懒"的成果。首先，把碗交给洗碗机。可以把擦油烟机这件事情也交给洗碗机，这个洗碗机可以把油烟机的面板塞里面洗得锃亮，还可以把锅和锅盖也塞进去。所以我们家的锅和锅盖都是没有一点污渍的，而且不费吹灰之力，更不用刷锅。

最后总结一下，是人类"偷懒"的精神让我们进步到现代文明，否则我们大家还在风餐露宿。因为懒得跑，所以人类发明了汽车；因为懒得插秧，所以人类发明了插秧机；因为懒得洗衣服，所以人类发明了洗衣机；因为懒得计算，所以人类发明了计算机，都是"偷懒"精神在发挥积极作用。**如果你懒得上班，那就找一个不用上班也能赚钱的方式——价值投资！**

精选留言

严晟～成日：

我的高中数学老师也说过："简单的思路要多计算，高明的办法就是少计算。""偷懒"（勤脑），确实是人类进步的最大动力之一。

张萍：

这是一篇非常好的文章，从生活、工作、理财，原始的、现代的，方方面面进行了具体的分析。人要发挥自己的聪明才智，干活要用巧劲，而不是用蛮劲。我的感触很深，发现我就是你以前的工作同事的情形。痛苦啊，笨人笨习惯。

幸福 feeling：

人需要有"偷懒"精神，"偷懒"精神可以在一定程度上增进改革创新，提高做事效率，但你一定得把控好度，深层次理解老师的意思：之前是勤劳致富，现在是"勤脑"致富，不能简单理解为把"懒"变成褒义，非此即彼的线性思维不可取。

十点：

懂意思就好！

海阔天空：

第一层次的感觉是"偷懒"；第二层次的感觉是创新优化，靠自己的智慧解放双手，实现生产效率的提高，达到事半功倍的效果，节省出来的时间用在更重要的事情上面。如果没有这些偷懒的想法，恐怕人类还用着远古的生产生活方式，何时能够实现现在的美好生活？我本人就是爱"偷懒"的人，只是我没有达到十点老师这样的成果。如果每个人都"偷点懒"，勤于创新，社会就会更加进步，生活会更加惬意，读书学习的时间就会更加充足。让我们向着这个目标努力"偷懒"。

一位粉丝的真实故事

先全文转述这位粉丝的投稿如下。

2014 年 6 月我踏入股市，从此炒股就成了我生活的一部分，经常为之兴奋、失望、不安和恐惧。

有人说，我进入股市的时机怎么这么好，其实我什么也不知道，巧吧？

从 2014 年下半年到 2015 年 6 月份，对一个初入股市的新股民来说，别人说什么板块好、什么题材好就买什么，买什么，什么就涨，那真是兴奋啊！从开始投入 7 万元，之后增加到十多万元，加上融资买入，到 2015 年 6 月，变成了 50 万元。

对于一个新股民来说，一入市就碰到大牛市，哪知道风险啊！

2015 年 6 月开始，大家都知道，股市行情开始一路下跌，我是一路满仓，跌得惨不忍睹，市值迅速缩水。**不仅没有风险意识，没有及时止损，而且不断借钱补仓，到 2018 年底，我一共亏损本金 50 万元。**这期间炒股严重影响了我的生活，内心充满了失望、不安和恐惧。

追热点、听小道消息、听分析师荐股、买题材股、做短线是我主要的炒股方式。我看着亏损累累的账户，一直苦苦寻找灵丹妙药，一边研究技术，一边继续亏损，内心非常煎熬。

2019 年春节后，我接触了价值投资理念，看网上有关价值投资类的文章，也买来些价值投资书籍看，思路逐渐有点转变。后来我关注了"拾个点"公众号后，经常看十点老师的文章，价值投资思路变得清晰起来，知道股市投资要买价值股，看基本面，做长线投资，追求确定性，不做不懂的事，只做能力圈范围内的事。

此后，我开始寻找价值股，对网上推荐的各种价值股进行了基本面分析后，2019 年 3 月，我买入了几只医药股，忍受这期间的涨跌，坚持持股，到 2019 年底，这几只医药股有了不错的涨幅，弥补了之前的亏损后，我的账户开始赢利了。

没想到一场新冠肺炎疫情的暴发，催生了医药行情，加速了手上医药股的上涨速度，到 2020 年 10 月我净赚了几十万元。

这期间我一直关注十点老师的文章，听芒叔的网上交流分享，我知道自己靠运气赚来的钱很难保住，不知什么时候就跌回去了，在经过无数次的思考后，我决定把资金交给芒叔打理！

十点的忠实粉丝 2020.12.3

2020 年 9 月 13 日我第一次收到这位粉丝的一条信息（如图 1-1 所示），真的很高兴。**高兴的不是他把损失赚回来了，而是因为我们的理念改善了他的家庭关系。**很多人本来想去股市赚点钱，改善家庭条件，结果不仅没赚到钱，还导致家庭关系变差了，工作也荒废了，可以说股市毁了很多人的生活。

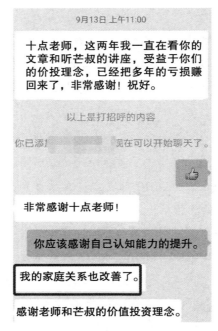

图 1-1　我与粉丝的聊天记录

上面我回复这位粉丝的话，真的不是恭维，他的成果绝对不能算我的功劳，能够真正改变你的理念的人的还是你自己。我的文章最多给大家一点启发，让你辨别哪个是正确的事情、哪个是错误的事情！诚如芒叔昨天和我说的一段话。

像他这样实实在在改变理念的，我想他会一直感念十点和这个公众号，还有后面的私募。天助自助者，我们确实也只能改变一小部分人的理念，心性被黑暗面裹挟的人确实也就只能由他们去吧，在意是没有必要的。他有三点是我（芒叔）觉得很震撼和感动的。

第一，他能抽离出来评价自己，意识到赚钱，重返江东，很大程度是运气。

第二，他能意识到并做出实质的改变行动。

第三，他是有长期主义基因的，比如他说他在炒股的同时身体变差了。比如他说如果我们只做两三年他不会投，做十年才投，因为这笔钱是为十年后他和爱人退休后所用。

诚如芒叔所说，这位粉丝其实骨子里面具有长期主义的品质，才会在那种情况中及时抽身出来。当初他只是不知道有价值投资这回事，这就是学习的意义所在。如果他没有持之以恒地学习，很有可能这辈子遇不到正确的投资道路。这位粉丝的认真程度让我惊讶，他把我们所有的见面会视频反复看，做笔记和总结（很多人不屑于听我们每次见面会 11 个小时的"废话"录音，真的是无知害死人）。对于我的文章，他能做到一篇不落地反复阅读。我的文章其实没有高深的道理，只是在强化这些亘古不变的常识。而且我用不同的方式、从不同的角度，反复强调了以下两个观点。

第一，只有长期主义的价值投资才是正确的投资道路。

第二，对于普通投资者来说，定投指数基金才是最好的选择。

我所有的文章都只围绕这两个观点去阐述。那为什么要写那么多"废话"去讲两句话就可以讲清楚的东西呢？其实坚持常识的事情是最难的，为什么难？因为太简单了！往往觉得太简单了，大家都不屑去做，更不屑去用一辈子坚持。而我通过大量的数据、案例和事实反反复复阐明，才会有越来越多的人相信，这就是你要走的正确的投资道路。

对于绝大多数普通人来说，他们无法通过工作或者创业获得财务自由，而资本市场其实是最好的一条通往财务自由的道路。但是这条路的方向不能选错，如果你一开始选择了短线投机，那么不管你多努力都会亏钱。如果你一开始选择了长期的价值投资，那么不管怎么样你都会赚钱。选择比努力重要 1 万倍！像上面这位粉丝一样，一个理念的改变，让他从地狱直接到了天堂，又明白自己不能稳在"天堂"，所以他选择了"赋能"。虽然我不能承诺芒叔未来给他赚多少钱，但是起码我们有足够的能力保住他胜利的果实。**放低收益预期，才有确定性的未来！因为只有放低了预期，我们才会放弃高风险的机会，才会走得更远！**如果你天天想抓涨停板，结果只会一次次被市场收割。

这位粉丝重回了平静的生活，努力工作，攒钱定投，继续给他的赚钱资产"添砖加瓦"。其实，即使他不再增加投资，就靠这 100 万元的"赚钱资产"，按照 15% 的年化收益率计算，10 年后这 100 万元就会变成 400 万元。到那时候每年如果能够继续保持 15% 的年化收益率，那么即使不上班，每年也会有 60 万元投资收益，平均每月 5 万元。如果我们预期收益率再降低一点，就算年化收益率只有 10%，每年也会有 40 万元的投资收益，平均每月 3.3 万元，他的退休生活应该非常宽裕了。何况他在接下来工作的 10 年里一定还会攒更多的"资本"，因为这 10 年他所有的心思都在努力工作上了，我保守一点估算，10 年后，他退休的时候，资产不会低于 500 万元，每年投资收益不会低于 50 万元，完全实现了财务自由！如果他继续当初的短线交易，10 年后，很可能血本无归，只能依靠微不足道的退休金生活了。**这就是选择的力量**！

以上故事 100% 属实，希望给各位一点启发，从现在开始去做有长期价值的事情，让自己慢慢变富，才能真正致富！

精选留言

早早启：

感激十点，我也是被改变的一个人。以前我的心里充满了焦虑，现在心态很平和。生活的一点一滴也变淡定了。比如赶公交车，我下班的地方有几趟公交可以坐，但是在不同的站台。以前我总是选择距离到站还有四五分钟的车然后猛跑过去（有软件可以查到公交车的到站时间），跑得又急又累，有时还会赶不上，然后还要花更多的时间等下一趟。现在每次都选择距离到站还有 8 分钟以上的车，然后慢慢地走到站台耐心等车，这样是一定可以坐上车的。快就是慢，慢就是快。

十点：

比喻好形象！

雅馨 .Liang：

十点老师你好，我现在有大约 50 万元的资金可以用来投资，但是我有点纠结，因为马上就要到年底了，我一直记得老师曾说过要以年为单位投资价值股，这 50 万元是用来定投指数基金还是按老师说的以年为单位投资价值股呢？我老公的想法是把钱继续存到银行理财中，虽然收益会低些，但是把钱存在银行理财中会更安全，我们在这方面发生了一点小分歧。我们想要在本金安全的前提下尽量提高收益，似乎哪一种投资方法都没有错，如果是您，您会怎么规划投资呢？期待能得到十点老师的一些建议，不胜感激。

十点：

如果你们 5 年内不会用这笔钱，那么就可以分 10 次定投到指数基金里，普通人不要指望做股票可以超越指数基金的收益率，不是股票不行，而是市场的波动会让人坐立不安，很容易让人在低位割肉！

糖姐：

十点老师，我每天都看你写的有关投资理念的文章，非常赞同你的观点，但是由于自己的无知及贪心，我在今年 9 月份被骗得一无所有，现在欠了几乎 10 万元的信用卡账单，我每月的退休金是 4500 元左右，10 月份的时候我天天在家哭，不知道该怎么办，每天靠看你写的文章来安慰自己，如果我将债务还清了，也要去定投，只要我身体健康，等到一二十年以后或许也会有钱养老。

十点：

过去的学费都是未来的财富，只要自己的认知提高了，这些钱都会回来，否则即使你赚到了钱，也会因为认知不足而还回去！

说说我刚入股市时的那些"糗事"

当市场步入量价齐升的阶段时，不要轻言调整，这就是我作为过来人的"血的教训"。14 年前的大牛市，也就是 2006 年，那个时候我刚入市，当时我和很多人一样，每天看着市场上涨，一直觉得大盘太高了，然后就等着市场调整。一等就是几个月，然后市场开始加速上涨，后来我实在等不及了，每天看到那么多涨停板，如果我买入 20 万元，一天可是能赚 2 万元啊！然后我就冲进去了，结果呢？

市场马上就开始调整了，似乎就在等着我的钱，这到底是怎么回事呢？我清楚地记得，第一次让我刻骨铭心的调整是 2006年 7 月，给大家看看当时的大盘走势（如图 1-2 所示）。

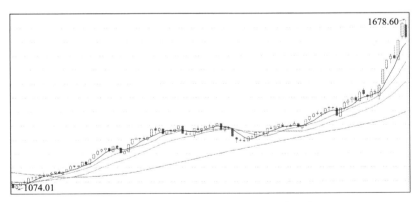

图 1-2　2006 年股市大盘日线图（一）

大盘从 2006 年 1 月时的 1000 多点涨到了 6 月的 1600 多点，

在半年时间内涨了 60%，很多股票翻了几倍，股市的赚钱效应马上被传播开了。以前一直不懂中国股市的我，也被巨大的财富效应吸引进去了。

但是我还算理性，想等等看，想等到大盘跌后再进场，我从 4 月份清明节后开始关注股市，一直等到了劳动节，大盘仍旧持续单边上涨。**五一长假结束后，大盘更是加速上涨。**从此以后我才知道，这就是假期效应，我身边的人在假期都在谈论股市，很多没有入市的人在开市时迫不及待地进去"抢钱"，结果呢？市场很快就出现了调整，这也是我第一次听说"调整"两个字，其实它的意思就是指大盘开始跌了，听起来很简单，好像只是调整一下，但是这个调整是要吓死人的。**作为新股民的我，每天都魂不守舍，因为有时股票持仓甚至跌了 2 万元。我一共买入了 20 万元，可股票跌停时一天就跌了 2 万元，让我都没心情上班了**（如图 1-3 所示）。

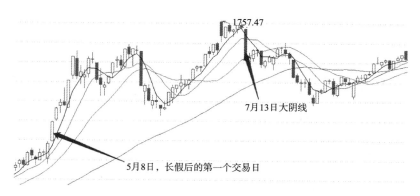

图 1-3　2006 年股市大盘日线图（二）

　　而且这次市场调整了几个月，市场从 2006 年 7 月中旬，一直调整到 2006 年 10 月 9 日，此后市场才走出调整，创出新高（如图 1-4 所示）。**市场调整时间接近 4 个月，非常难熬，所有人都觉得牛市已经结束了，可是我甚至还没有闻到一点"牛味"。**我不甘心，这次我不仅没有赚到钱，还亏了不少钱。

图 1-4　2006 年股市大盘日线图（三）

　　那时我还在国企工作，收入还算可以，一个月的工资好像有 8000 元。但是我自己还有一家饭店，饭店一个月的利润大概有 2 万元，收入也还算可以，但是仍然无法承受一天在股票市场里亏掉 2 万元。经过一个多月的煎熬，我终于忍不住把持仓都卖了，好像亏损了 30%~40%，但是我的心安定了很多。

　　可是，没过多久，市场又开始上涨了，空仓上涨给我带来的焦虑感不亚于满仓下跌。

　　所以人无知的时候，横竖都会痛苦不堪。后来我开始拜师学艺，我运气还算不错，碰到了一个真正能够在市场里面赚大钱的短线高手 H。那时候我直观地认为，如果想在中国股市赚钱，就得像 H 一样做超短线交易。

后面的实践证明，90% 的人不能通过做短线来赚到钱，剩下的 10% 也是只有极少数的人才能做出比较好的业绩，但是这个过程很累，我也持续了很多年。直到了解到芒叔的价值投资理念，我才真正体会到这是投资的正确道路，价值投资不仅仅能够让你赚到大钱，还可以让你非常快乐！**而像 H 这样的短线交易业绩，已经是人中龙凤了，但他还是很痛苦，因为每天要时时刻刻盯着市场的波动，这会让他的心情很郁闷。**遇到大盘大跌的日子，H 的账户一天可以跌掉几千万元，这些明明可以拿出来花的钱，只用一天的时间就全部亏损了，这种郁闷的心情是很难消解的。我也正因为看到他这样，3 个月后毅然放弃了 H 自己研究的交易系统。当然，后来我自己学习得也很快，之后我没有像 H 那样做超短线交易，我基本找到了适合自己的波段短线方法。

毕竟我还要上班，只有在业余时间才能做股票，所以没有走职业股民的道路。但是我也算是股市中的幸运儿，因为有悟性，有高人点拨，让我很快扭转了亏损的局面。现在回头一想，H 算是我的启蒙老师，让我了解了股市的另外一面，芒叔才是我在股市的真正福星，他让我走向了快乐投资的康庄大道，还可以带着很多人走这条正确的道路。**我现在最希望的是，刚入市的年轻人不要再走我们之前那么曲折的道路了，**因为在现在的市场中，短线交易赚钱的概率更低了，而且如果亏损，会亏得更多，那些买了烂公司股票的钱，可能这辈子都没有解套的机会了。

精选留言

艾伦：

白马价值股一直在原地踏步，我应该准备伺机而动吗？

十点：

不要乱动，现在要做的就是坐端正（买好公司），系上安全带（持有股票，关闭账号），享受旅程的快乐，而不是这山看着那山高，最后小猴子下山什么都没捞到！

桔子花开：

"不要乱动，现在要做的就是坐端正（买好公司），系上保险带（持有股票，关闭账号），享受旅程的快乐，而不是这山看着那山高，最后小猴子下山什么都没捞到！"

老师的比喻太形象了，说出了大多数散户的毛病，自从关注老师的公众号后，我开始认同价值投资的好处，并且改变了追涨杀跌的坏习惯，感谢您！

讲讲我辞职那件事

自从看了《反脆弱》这本书，我开始反复研读和查阅相关资料，结合自己的人生经历，我发现：如果我早点接触到这本书，我可能会少走很多弯路，让自己的人生更精彩！这不仅仅是一本有关投资的书籍，更是一本有关人生向导的书籍。我没有神话它，恰恰是因为它太实用、太接地气了。如果我们每天的努力主要围绕驱除自身脆弱的部分，增加自己的反脆弱性，那么我们的人生一定会更精彩、更稳定。

我们都有哪些脆弱的部分呢？比如，稳定的工作是脆弱的，一份稳定的工作可以消磨一个人的斗志，然后让我们变得非常脆弱。如果单位效益不好、形势不佳，突然裁员会让我们失去生存能力。我之前经常告诫自己，稳定的工作会害死我，所以必须辞掉，而且要趁年轻的时候辞掉。我记得从国企辞职那年我正好30岁，我认为如果过了30岁，要辞掉一份收入不错、看起来也非常稳定的工作就更难了。原本我是打算在结婚后辞职，因为我认为结婚是人生的分水岭，但结果我没辞掉这份工作，因为合同没有到期，如果此时辞职，我要赔很多钱。现在想想，还是因为当时自身的反脆弱意识不强，导致最后我又浪费了两年美好年华。那两年我几乎没有学到什么东西，只是又拿了两年工资而已。回忆起来，这两年的工资让我付出了太大的代价。当然，那时候我没有辞职还有很重要的原因是自己的反脆弱性不足，因为我没有稳定的收入，饭店也没开多久，我的收入不多，又不稳定。所以要打破原有的舒适和稳定、增强自己的反脆弱性，最重要的还是要先具备一定的反脆弱性，才有这个勇气。

我劝目前拿着稳定的薪水、做着一份稳定工作的朋友，可以适当做点副业。在自己擅长的领域，在不影响工作和不假公济私的情况下，利用业余时间做点其他事情，说不定未来这将会成为一个生存的手段。你的工作越稳定，越要有危机感，这样才不会让你的生活在"黑天鹅事件"发生时完全失去依靠。应该是"黑天鹅事件"正好进入你预定的轨道，让你的生活变得更精彩了，让生活受益于不确定的"黑天鹅事件"。

对于我们人类来说，身体是我们脆弱的部分，想要让身体更好，就应该在身体还很健康的时候，养成锻炼和注意饮食结构的习惯。很多重大疾病都来自于不良的生活习惯，甚至有些家族病也是由于全家人的饮食习惯较为相似，并不一定是基因所致，当然基因也会在很大程度上影响人的免疫系统结构。除此之外，抗压能力也是我们脆弱的部分，抗压能力决定着你快乐与否，有些人碰到一点点小事情就失眠，这就是典型的抗压能力差。抗压能力的提升是需要一点点锤炼出来的，不要总想着让自己舒适。要学会适当慢慢增加自己的生活压力，故意制造一些压力。同时加强学习，提升自己的能力，有了能力，一些棘手的问题就迎刃而解了，你的压力自然会减轻。

反脆弱的核心是抵抗"波动性"，什么是波动性？其实就是不稳定性，你想要追求的稳定，其实是最脆弱的。如果我们时刻准备好对抗不稳定性，那么就说明我们具有反脆弱性。就像上面提到过的，稳定的工作其实是脆弱的，如果这份工作稍有波动，那么你就会马上失去生存能力。

为什么芒叔也推荐《反脆弱》这本书呢？我们十点读享组织团购的第一本书就是它，原因也是在这里，如果你在投资市场里面具有反脆弱性，那么你就是最终的赢家。所以我们在投资的时候要时时刻刻想到可能会脆弱的地方，然后再一一排除，最后赚到确定性最高的钱，这就是真正的价值投资。比如，我们投资某家公司，要考虑到所有影响这家公司业绩的脆弱因素，如果这些因素都发生，目前的估值还是低估，那么就可以大胆买入。我记得芒叔举过一个典型的例子：由于某公司的董事长做了坏事，这家公司的市值暴跌，最终好像跌到了 600 亿元左右。但是根据该公司公开资料中记录的资产减去负债，净资产可能超过 1000 亿元，并且该公司还有很多待开发项目，潜在的真正的价值超过 2000 亿元。芒叔认为这还不够具有反脆弱性，有没有更具有反脆弱性的相关投资标的呢？后来我们发现这家公司旗下的物业公司在香港上市了。如果母公司倒闭，由于物业公司是独立经营的，董事长做了坏事，以后即使没有人再去买他家的房子，但是已经买他家房子的人肯定要继续交物业费。并且他家还有很多已经开发好但未交房的楼盘，这些楼盘的物业费收入可以是板上钉钉的收入。此外，当时这家公司的市盈率不及同行的 60%，所以从多方面来看，即使发生最坏的事情，目前的价格也是极其便宜的。所以芒叔就果断全仓买入，把手上的其他公司的股票全部卖了，买了这家公司的股票（如图 1-5 所示）。

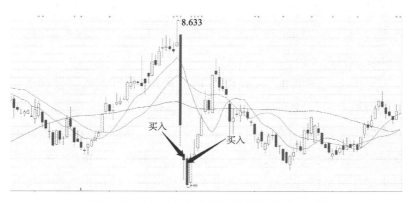

图 1-5　某房地产上市公司股价日线图（一）

芒叔在 2019 年 7 月 4 日和 5 日连续两天买入，之后股价很快反弹，他就没有继续买入更多了，如果股价继续跌，可能他会继续买入更多。香港市场的纠错能力很强，如果发现股票走势不对，马上会有资金买入，让股价快速涨回来，但是当时这只股票的大幅下跌是很吓人的，一天跌了 23%——香港市场没有涨跌幅限制。如果你没有足够的能力去了解一个行业和一家公司的估值，那么这个时候可能你会和大众一样去选择抛，而不是买。但是一旦你足够了解了，知道自己的这单投资具有很强的反脆弱性，那么你可以毫不犹豫地大量买入。这只股票之后的涨幅更是惊人，这就是反脆弱思维在投资实战里面的典型应用（如图 1-6 所示）。

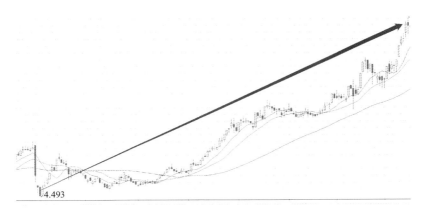

图 1-6　某房地产上市公司股价日线图（二）

8 个月时间，这只股票涨了 350%，这种机会只会出现在"黑天鹅事件"里面，巴菲特也最喜欢这种投资机会。当然芒叔现在不再继续持有这只股票了，原因很简单，他发现了风险更低、潜在收益率更高的标的。所以芒叔的投资收益都是来自风险很低的地方，同样是一年获得 20% 的收益，芒叔持有的股票的风险会低很多，这也是保障长期复利增长的主要原因。而我们普通人虽然有时候能赚到更多收益，但是所冒的风险一直很大，最终无法实现持续的复利增长，甚至利润回吐严重，长期总收益就会有天壤之别。这就是我们做投资必须具备反脆弱能力的主要原因，我们无法预测"黑天鹅事件"的发生，但是可以用我们具有的反脆弱的能力来对抗"黑天鹅事件"的伤害，甚至利用"黑天鹅事件"让我们受益！

精选留言

David 郝：

反人性总是很难，但也只有跨过这个"难"，才能上一个台阶。

益者三友：

《反脆弱》这本书所说的真是大智慧。看完这本书，你在做任何事时，如果用反脆弱的观点去思索，都能起到事半功倍的作用。

放弃工厂，20 年全职炒股，结果怎么样

其实我们很多人在股市"吃苦并不记苦"，一旦市场上涨，就会马上忘记了市场也会下跌，这叫"好了伤疤忘了疼"，或者

叫"吃苦不记苦，老来没结果"。当然，这也是人性的弱点，如果你在股市里面无法克服人性的弱点，那么想要赚钱几乎是不可能的。真的不要用你的血汗钱去试验，因为别人已经用很多钱试验了 20 年或 30 年，可他们仍在亏钱。

那么在股市里真的赚不到钱吗？不，能赚到钱。大多数人，或者 99% 的散户、90% 的基金经理，都是跑不赢大盘指数的，如果不相信，你可以比赛一段时间看看。所以如果你选择了买指数基金，那么可以超过 99% 的散户和 90% 的基金经理，而你要做的就是长期持有指数基金。沪深 300 指数近 15 年的复合收益率是 300%，年化收益率约为 8%，请问，有几个人能够在股市中让自己持有的股票的年化收益率达到 8%？你们辛辛苦苦天天盯盘，纠结、痛苦，可是仍旧亏损，能做到本金不亏损的人可能不到 10%。所以，我们这些人数占股市 90% 以上的散户，什么都不用学，只要选择沪深 300 指数，然后长期持有它，就可以超越 99% 的人，100% 能解决自己在股市亏损的问题。如果你再选择定时定期定额投入，那么你的收益率还会更高。如果再选择在大跌的年末，加倍加仓，那么你的收益率还可以翻几倍。这是确确实实可以实现和做到的。我从不忽悠大家怎么发财，我只告诉你残酷的现实情况。

如果不相信，你可以用自己的 10 年光阴来测试，10 年后你再来看看我的这段话。老股民们把我的这段话读 10 遍，再回顾一下自己的经历，我相信你们会感悟到我这段话的深意。信任我的新股民可以节约 10 年乃至 20 年时间，而复利的收益是几倍甚至几十倍。

我们的人生真的在于选择，而不只是努力，如果你一开始就选择了正确的方向，再加上你的努力，你会发现同龄人已经落后你很远了。

芒叔就是很好的例子。2010年的时候，芒叔和他岳父一样，资产大概只有100万元。他岳父也是一个传奇人物，在股海征战了30年，当年还曾给上海的"杨百万"做助理。到了2015年的大牛市，他岳父用杠杆和短线操作，将总资产做到了将近2000万元，那时候他得意地和女婿说："你把钱借给我，我给你10%的利息。"这话说出没几个月，股市暴跌，由于加了杠杆，他岳父的持仓很快到了强制平仓线。幸亏女婿无息借了他300万元，最后保住了200万元的本金，否则2000万元会全部归零。

我另外一个朋友的资产就是在这场暴跌中被强平归零的。从此以后，芒叔的岳父慢慢接受了女婿的价值投资理念，但对短线交易仍不死心，还想翻本。这样又过了4年，直到近2年他才慢慢开始操作长线，资产也开始稳定增长起来。但就这样折腾来折腾去，9年过去了，他的100万元变成不到300万元。也就是说，芒叔的岳父在9年的时间里，在受到别人拯救的情况下，碰到一个大牛市，获得了200%的收益，而且他还是一个短线高手，拥有几十年的股海实战经验，搭上自己最好的年华和无数个不眠之夜。他在20年前放弃自己的工厂，全职炒股，只换来了这区区的200万元。而芒叔用价值投资的方法，在这9年中获得了几十倍的收益，他岳父的资产现在只是芒叔的一个零头而已。

希望这个故事能给迷途中的你们带来一点启发，能给想通过股市一夜暴富的人带来一点感悟。

不一样的人生选择

我曾跟着一位做蚕丝被的同学参加了一个青年企业家小聚会，其中有两个企业家是富二代，同样是父辈留下了巨大的产业，由于自己的选择不同，现在过出了完全不一样的人生。本节我来讲讲他们的故事，也许会帮助大家更好地思考自己的人生。为了方便述说，我就分别称他们为小 W 和小 L。

我们所有普通人脑海里对富二代的印象大多是挥金如土。但实际恰恰相反，大部分富二代都毕业于名校，努力、有思想、有活力。**特别是家族企业做得很大的企业家，他们都非常重视子女的教育，其子女从小到大都接受精英教育。**

小 W 是一个非常有眼界和思想的富二代，父辈在多个产业领域打下了一定的产业规模。在国外留学回来后，小小年纪的他在参加管理层大会时就提出了不同的见解，但是很快被父辈否决了。他实在无法说服父辈以及很多跟着父亲的小股东，所以他选择先不和他们争论。然后，他独自一个人背起行囊去了美国，一家一家推销家族企业生产的一种产品。这种魄力和决心不是一般人能拥有的，他很快打开了家族企业在欧美的市场。**本来一直在国内销售的产品，一下子被带到了国际市场，公司效益蒸蒸日上。**但是产品质量跟不上企业规模的扩张，产业布局不够大，无法满足更大更高的市场需求。于是，小 W 决定自己管理生产，但是父亲不肯，最后小 W 在管理层会议上拍桌子向大家作保证，父亲才妥协了，父辈也没办法，只能让他去尝试一下。小 W 真的很有能力，很快就扩大了企业的规模，把家族产业中的一个原本不出色的业务，做成了支柱产业，加上自己对行业的深刻理解，他觉得未来的发展空间还很大，然后实行了长达十多年的"加法和减法"：**加法是对这个业务的投入不断加码，几年时间里已把全产业链上下游的合作伙伴都并入企业，具有极强的竞争力；减法是把家族产业的其余业务一个一个砍掉。**就像乔布斯回到苹果公司的时候，把苹果的产品从几百个砍到了4个，才让苹果起死回生，才有了今天苹果的辉煌一样，这就是专注的力量。

到这个时候，父辈对他佩服得五体投地，父亲也放心地退休了。由于企业早早地进入国际市场，扩展产业链的上下游，所以企业竞争力极强。同时，他砍掉了企业内不专注的其余业务，所以企业的现金流非常充沛，负债率极低。小W自从全面接手家族企业以来，购买了大量的土地和工厂，加上这些增值的资产和蒸蒸日上的企业效益，企业的总资产规模比父辈管理的时候增加了几十倍。**而且企业开始了现代化管理，产品也被销售到国外，唯质量评判，不需要应酬和靠关系销售。**有规范的管理团队经营企业，小W自己的生活过得非常清闲，从不需要应酬和喝酒。

小W的个人格局也非常高，作为一个传统企业，它的园区完全像一个艺术中心。小W在对土地、房产和一级股权市场深入了解后，发现有很多陷阱，所以也决定不对其投资。他倒是认为投资二级市场是一个机会，所以才有了我们这次的小聚会。小W从未炒过股票，他身边也有通过炒短线而赚到大钱的人，但是对此他都不认同。不过他非常认同我和芒叔的价值投资理念，而且他骨子里面就是一个价值投资者，对预期收益和风险都认识得非常深刻，所以这种人想不赚钱都难。相反，我们普通人一进入股市就想每天赚个涨停板，最后却连本金都亏掉了，这不是财富的差距，而是观念的差距。前不久我们还碰到了小 W 的父亲，他和我们一一握手，70 多岁的老人，脸色红润，偶尔到公司来转转，每个人都非常尊重他，他的感觉应该非常不错。由于小 W 的顺利接手，他的父亲现在是真的享福了。

再讲小 L，他毕业于国内排名前 5 的名牌大学，父辈积累的产业也非常大，但是他的父亲由于操劳过度而患了心梗，前几年去世了，和小 W 的父亲真的形成了鲜明的对比。小 L 被迫接班，他接班后没有按照独立的经营思路去经营，而是选择继续把父辈的产业延续下去。父辈的产业是一些需要关系才能做的生意，每天有各类的应酬，一周能在家吃一顿饭已经非常幸福了。我们前不久看到他第一眼的感觉是：睡意蒙眬，萎靡不振。相反，小 W 红光满面，精神抖擞，两个人坐在一起，差别真的太明显了，大家都劝小 L 要注意身体。不过，他也意识到自己家族产业的不健康，所以他才会来参加我们关于价值投资的小聚会。希望他在小 W 的影响下，也能改善和蜕变。

我写了这么多无非是想告诉大家，不管你的人生处于什么样的阶层，其实都需要蜕变，需要有自己的思想。哪怕你继承了庞大的家族产业，如果没有自己的思想，那么你一样会痛苦。每个人都站在自己的位置，你幸福与否和你起步时的高低无关，与之相关的是你接下来的选择。比如，你的父辈没有给你留下一套房子，那么你凭自己的努力买了一套房子，这就是你的幸福，你的人生成就。而如果父辈给你留了很多家产，结果你不但没有增加它，还慢慢败光了家产，甚至吸毒、飙车、吃喝嫖赌，那么最后留给你的结局就是痛苦和悲惨。

因此，不要去想你现在处于什么阶层，要想的是你要过什么样的人生。得过且过，蜕变，还是创造未来？总之，你做出不一样的选择，你的人生就会出现不一样的结局！如果现在种下美好的"种子"，那么未来一定会结出美好的"果子"，各位，加油！

第二章

投资——慢慢变富

投资不是买彩票，没法一夜暴富

在本书每一节的最后，我一般会精选一些粉丝的留言和大家分享交流一下。不是我要炫耀什么，而是我希望通过和各位读者一样的活生生的案例来说明价值投资的可行性，如果思想可以发生转变，那么大家的业绩可以超过大多数的基金经理。思想转变的关键是投资思想和思路的转变，不要天天想着涨停，而是要慢工出细活，赚到自己能赚到的钱；不加杠杆，踏踏实实用闲钱去投资，赚到自己应该赚到的钱。投资不是买彩票，你做不到一夜暴富，哪个在投资市场上想一夜暴富的人不是以亏钱收场甚至血本无归？价值投资可以让你从没有在股市赚过钱到发现自己也能稳定赚钱、发现投资也没那么复杂、发现投资也不需要高智商。只要你有颗踏实的心，不炒概念股，不迷信别人，只认准价值股，而且认准自己能够理解的价值股，能理解几只就买几只，相对能理解哪只就买哪只。说实话，哪怕你这辈子只理解一只股票，也足够了，坚决不要碰你不理解的、不明白的股票。因为**不理解会让你不坚定，最后肯定拿不住**。如果哪天你手"痒"乱买了，再来看看我这段话，想想自己的过往，通过省吃俭用而攒下来的血汗钱，却被你大把大把地送进股市，这样你就安定了。如果你继续坚持短线进进出出，那么你的资金只会越来越少，你会发现 10 万元变成了 5 万元，5 万元变成了 2 万元，最后甚至不知道钱去哪了，而且你每天也会焦虑痛苦、无意上班。而价值投资真的会让你很快乐，账上的钱会不知不觉地变多，10 万元变成 20 万元，20 万元变成 50 万元。

如果你实在没办法深入了解和分析价值股，那就坚定地买入宽基指数基金或者 ETF 指数基金。

精选留言

三木先生：

我翻看自己的记录后发现，我几乎没有操作的价值股让我赚得很多，我偶尔忍不住做点波段的股票反而让我赚得很少，事实胜于雄辩。好的股票如伴侣，长期持有必有好报！

十点：

你说出了实情，我让大家不要做波段，很多人不信，一定要自己去尝试过才会坚定想法，没办法，有些学费是必须交的。

龙龙：

十点老师，面对这一轮上涨，我还是亏钱了，我对自己都无可奈何了。真的不能追涨杀跌，板块轮动太快了。想安心做价值股，但价值股、白马股都涨了很多，有点买不上的感觉，如果现在想进行价值投资，该如何操作呢？我很迷茫。

十点：

我曾经说过，如果你觉得短线赚得多，那么账户总金额保持不变，把资金分成 2 份，一份做短线，另一份买入你认为涨得多的价值股。1 年后，看看哪个赚得多。如果在这样的事实面前你还不死心，那么第二年继续比较，我相信你迟早会想通。

安能物流陈某某：

老师，请告诉我分批建仓的方法。

十点：

你可以自己摸索一下，比如，每次买入计划总资金的 10%，或者每次股票下跌 10% 时买入一批。

Peng：

如果买后就涨，没有下跌加仓的机会，那我可以在涨的过程中加仓吗？

十点：

可以加仓，也可以买其他的。

归途：

我正在疯狂买中证 500 和沪深 300 指数基金，我真的能力不足，不会选股，我决定先买指数基金，只要它跌我就加仓，然后就不管它了，等到时机成熟时再卖出，学有所成后我再定投股票。

十点：

你一定会超过 99% 的散户，超过 90% 的基金经理。

边缘人：

我关注你已经有一年多了，我很认同你的价值投资理念。可我就是管不住手，不然我持有的一只价值股会有 50% 的盈利，可惜被我卖掉了。感谢你的辛苦付出，我还是学到了很多知识。

十点：

记住这句话："做价值投资的人绝对不会做任何短线波段，也不会看任何技术指标。"

★★★：

受老师的熏陶，A股对于我来说已经变成不超过30家好公司的小市场了。

十点：

继续缩小，缩小到你自己的3家，把这属于你自己的3家吃透，甚至学习这个行业的所有知识。

男人帮：

我的个人经验是，长期投资包括价值投资，并非只买不卖或完全不看技术图形。可以根据波段长期趋势线（月／年线）的下限来分批买入，到上限或人气沸腾时减仓锁定利润，适时调整风险投资比例。供参考。

十点：

你可以按照自己的方法测试一下，哪个方法适合自己就用哪个方法，最终做到收益最大化。

D：

老师，做股票要不要逃顶？我一个朋友已经持有一只股票10年了，2015年这只股票的账面价值为50万元，现在这只股票的账面价值为20万元，他是不是没有理解长期持有的真谛？

十点：

如果买了垃圾股，那么持有多久都没有用。

一滴水：

我没有拿住买过的价值股，总是想高抛低吸，结果股票在被我高抛后涨得更高了，都被我抛丢了，所以直到现在我还在亏损中。

十点：

记住教训。

小太阳：

我关注价值投资有一段时间了，也觉得老师的方法很好、很稳。但是我有些困惑需要麻烦老师解答一下，如果按照您说的买入的方法去买入其他的非龙头企业，好像也是可以稳定盈利的，只要公司不"爆雷"就没问题，并且收益可能会更高。除此之外，这种买入方法在熊市中有分多次买入的机会，可如果是在牛市中，买入 1~2 次后，股市就开始一直上涨，导致其他的预备资金一直被闲置，总不能等到牛市的整体市场泡沫破裂了都不卖出、硬等熊市的买入机会吧？如果到了预期价位后卖出，那就等于仅用了十分之一的资金参与了大好的牛市。

十点：

买入后股票上涨是好事，这时可以买其他价值股，也可以继续买入，因为在牛市中可以适当追涨。

要想在股市赚钱，你得先学会保护本金

大家有没有这种感觉，辛辛苦苦做股票很多年，账户上的钱怎么也多不起来，甚至越来越少，根本的原因到底是什么呢？有些散户感觉有时候在股市里会赚钱，尤其是牛市的时候，还会赚很多钱，运气好的时候还会中签新股。但是时间拉长来看，账户上的总资产不但没有增加，还在减少。其中的原因是我们所有人都忽视了一个问题：没有保护好本金！

很多人进入股市后，被涨涨跌跌的数字迷惑了，偶尔侥幸赚到一点钱，就认为自己是"股神"了。绝大多数人都是被牛市带进股市的，牛市中的股票一般都是鸡犬升天，只要你买股票，哪怕持有几天都会赚钱。假如你在牛市的情况下投入10万元，少者一天赚1000元，多者一天赚5000元。而看看自己的工资，一般人一个月才赚5000元。现在一天都能赚5000元了。这时你很可能会全然忘记市场的风险，做出借钱炒股、卖房炒股等疯狂的举动，最后越陷越深！

正因为很多人都是被牛市带入股市的，所以巨大的赚钱效应完全把人的预期带偏了，他们认为在股市中赚钱太容易了。他们眼里只看到了股市的财富效应，却看不到风险，哪怕亏损得一塌糊涂，脑子里面想的依然全部是财富，而不是风险。其实，正确的投资方式是：先考虑好如何在股市里面不亏钱，剩下的都是赚钱的机会。因为股市永远不缺乏赚钱的机会，缺的是确定能赚钱的机会。诚如查理·芒格所说："我们要学会反着看问题，要想在股市赚钱，先要学会如何在股市不亏钱。"

在股市里面，为了获得高收益而去冒高风险是大忌，也是一些散户股票一直亏钱的根本原因。我用数据来说这个道理，假如之前的你一直追求高收益，冒着高风险，前 10 年做得一直不错，总体来说也赚了很多，赚得多的年份能赚 50%，赚得少的年份也能赚 20%，偶尔一年亏损了 30%，5 年中才亏损一年，也算是高水平了。但是"现在的你"不去抓股市的每个机会了，也不盲目追求高收益率了，很注重本金的保护。当然，"现在的你"每年的收益率下降了很多，收益率低的年份你甚至只赚了 2%，收益率高的年份你也才赚了 20%，之前可是最少也有 20% 的收益率。但是把时间拉长到 5 年来看，总收益率更高了，而且每天都是低风险投资，日子过得很踏实（如表 2-1 所示）。

表 2-1　5 年期收益率对比

	第 1 年收益率	第 2 年收益率	第 3 年收益率	第 4 年收益率	第 5 年收益率	总收益率
之前的你	50%	−30%	20%	20%	30%	196.56%
现在的你	18%	16%	20%	2%	20%	201.05%

5 年还不能说明问题，如果我们把时间拉长到 10 年，"之前的你"不幸遇上了百年一遇的"黑天鹅事件"，比如，2015 年的暴跌。那么"之前的你"可能会面临亏损 60% 的风险，而"现在的你"可能面临的是亏损 20% 的风险，因为你一直站在低风险领域里，结果会怎么样呢？结果是收益相差 100 多个百分点，随着时间的推移，差距会越拉越大（如表 2-2 所示）。

表 2-2 10 年期收益率对比

	第 1 年收益率	第 2 年收益率	第 3 年收益率	第 4 年收益率	第 5 年收益率	第 6 年收益率	第 7 年收益率	第 8 年收益率	第 9 年收益率	第 10 年收益率	总收益率
之前的你	50%	−30%	20%	20%	30%	50%	−10%	20%	−60%	50%	191.06%
现在的你	18%	16%	20%	2%	20%	18%	16%	20%	−10%	30%	386.38%

如果你加了杠杆，遇到 2015 年这样的暴跌，2 倍杠杆，出现 50%~60% 的亏损就可以把你之前所有的努力清零。现实中这样的案例比比皆是，前文中提到的芒叔和他的岳父就是典型的对比案例。

假如你自己做股票，靠牛市赚了点钱，如果 10 年后你的股票没有亏损，那么你已经很幸运了；相反，如果定投指数基金，看似慢一点，但只花费一点点精力就能获取平均年化收益率为 8% 的成果，10 年后至少可以获得 1 倍以上的收益，这是扎扎实实赚到的钱（如表 2-3 所示）！

表 2-3 10 年期股票与基金投资收益率对比

	第 1 年收益率	第 2 年收益率	第 3 年收益率	第 4 年收益率	第 5 年收益率	第 6 年收益率	第 7 年收益率	第 8 年收益率	第 9 年收益率	第 10 年收益率	总收益率
做股票	50%	−70%	−10%	−20%	20%	−60%	−10%	−20%	−30%	−20%	6.27%
定投基金	8%	8%	8%	8%	8%	8%	8%	8%	8%	8%	215.89%

亏损是复利最大的敌人！通俗地讲，如果你连续三天在股市里面赚到了钱，只要亏损了一天，不但利润会被全部亏光，可能也会亏损本金，这就是股市的凶险之处。这也是很多人看似把股票做得很好，但多年后他们看总账时却发现，自己能回本已经很了不起了！

一旦你亏损了本金，甚至亏损了本金的 50% 以上，那么你几年内可能很难会回本。而且在亏损状态下你的心态会受到影响，接下来你就会像赌徒一样赌红了眼，完全失去理智。而股市最喜欢收割这种没有理智的钱，你就会成为给市场送钱的"韭菜"。股市最怕理性的人，最怕"胆小如鼠"的人，这种人在股市里面很难亏大钱，都是小亏大赚，从而成为市场的"收割机"！

真正的价值投资者，像巴菲特这样的人，把本金看得比什么都重要。巴菲特有句投资的至理名言："第一条是保住本金，第二条是保住本金，第三条是记住前两条。"可见保住本金是成为"股神"的必要条件。分析一下 1957—2019 年巴菲特的历年收益率，我们会发现，巴菲特几乎很少有哪一年的收益率会超过50%。如果只看巴菲特某一年的收益率，大多数人一定会比较轻视，但是在他长达 62 年的投资生涯中，年度亏损的年份只有 11年，正收益率为 83%，而且回撤远远小于当年的大盘。每次大幅回撤的年份都是巴菲特大量抄底的时机，最近的两次抄底机会就是 1999 年和 2008 年（如表 2-4 所示）！

表 2-4　1957—2019 年巴菲特历年收益率统计

年份	第N年	年收益率	模拟累计净值	年化收益率
1957	1	10.5%	1.11	10.50%
1958	2	40.9%	1.56	24.78%
1959	3	25.9%	1.96	25.15%
1960	4	22.8%	2.41	24.56%
1961	5	45.9%	3.51	28.56%
1962	6	13.9%	4.00	25.99%
1963	7	38.7%	5.55	27.73%
1964	8	27.8%	7.09	27.74%
1965	9	49.5%	10.60	29.99%
1966	10	-3.4%	10	26.19%
1967	11	13.3%	11.60	24.96%
1968	12	77.8%	20.63	28.69%
1969	13	19.4%	24.63	27.95%
1970	14	-4.6%	23	25.29%
1971	15	80.5%	42.41	28.38%
1972	16	8.1%	45.85	27.01%
1973	17	-2.5%	45	25.05%
1974	18	-48.7%	23	19.01%
1975	19	2.0%	23.39	18.05%
1976	20	129.3%	53.63	22.03%
1977	21	46.8%	78.74	23.11%
1978	22	14.5%	90.15	22.71%
1979	23	102.5%	183	25.41%
1980	24	32.8%	242	25.71%
1981	25	31.8%	320	25.94%
1982	26	38.4%	442	26.40%
1983	27	69.0%	747	27.77%
1984	28	-2.7%	727	26.53%
1985	29	93.7%	1409	28.40%
1986	30	14.2%	1609	27.90%
1987	31	4.6%	1683	27.08%
1988	32	59.3%	2680	27.98%
1989	33	84.6%	4948	29.41%
1990	34	-23.1%	3805	27.44%
1991	35	35.6%	5160	27.67%
1992	36	29.8%	6697	27.72%

（续表）

年份	第N年	年收益率	模拟累计净值	年化收益率
1993	37	38.9%	9302	28.01%
1994	38	25.0%	11628	27.93%
1995	39	57.4%	18302	28.62%
1996	40	6.2%	19437	28.00%
1997	41	34.9%	26220	28.17%
1998	42	52.2%	39908	28.69%
1999	43	-19.9%	31966	27.28%
2000	44	26.6%	40469	27.26%
2001	45	6.5%	43099	26.76%
2002	46	-3.8%	41462	26.00%
2003	47	15.8%	48013	25.78%
2004	48	4.3%	50077	25.29%
2005	49	0.8%	50478	24.73%
2006	50	24.1%	62643	24.72%
2007	51	28.7%	80621	24.80%
2008	52	-31.8%	54984	23.36%
2009	53	2.7%	56468	22.93%
2010	54	21.4%	68552	22.90%
2011	55	-4.7%	65330	22.33%
2012	56	16.8%	76306	22.23%
2013	57	32.7%	101258	22.41%
2014	58	27.0%	128598	22.49%
2015	59	-12.5%	112523	21.79%
2016	60	23.4%	138853	21.82%
2017	61	21.9%	169262	21.82%
2018	62	2.8%	174002	21.49%
2019	63	11.0%	193142	21.31%

数据来源：巴菲特致股东的信、公开信息

我们整理了芒叔入市最初 10 年的业绩，业绩统计到 2017 年中，其中芒叔在 2006 年和 2007 年的超级大牛市中，远远跑输大盘。但是芒叔在接下来的 2008 年竟然获得了正收益，而同期大盘下跌幅度高达 66%。

2006 年初假如你和芒叔一样拿着 1 万元起步，按沪深 300 指数的涨跌幅计算，你在 2006 年和 2007 年的收益率分别是 121% 和 161%，那么 2 年后你的资产是 5.7 万元，而 2008 年你的股票下跌了 66%，那么 2008 年末时你的总资产是 1.9 万元。而芒叔在 2008 年末时的总资产是 2.7 万元，芒叔只用三年就远超你了。

看到芒叔的业绩、和芒叔交流的时候，他流露出来的坚定的价值投资理念，让我真的感觉我遇到了青年版的巴菲特。这么多年过去了，他进一步证明了我的判断，也许 30 年后，他就会很出名，当然他也不希望自己出名。他在 2011 年度出现的亏损完全是不顾及年度数据导致的，当时欧债危机，市场上存在着大量的便宜货，而这个时间点正好在年底，所以他大量买入便宜货，市场进一步波动导致了他出现年度亏损。之后的 2012 年和 2013 年，尤其是 2013 年，在大盘下跌 7.7% 的情况下，芒叔获得了 52.7% 的正收益，这就是依靠 2011 年末播下的种子获得的（如表 2-5 所示）。

表 2-5　2006—2017 年芒叔历年收益率统计

年份	股票投资收益率	同期沪深 300 指数收益率
2006	38.9%	121.0%
2007	92.0%	161.6%
2008	2.6%	−66.0%
2009	37.5%	96.7%
2010	0.0%	−12.5%
2011	−8.0%	−25%
2012	32.2%	7.6%

（续表）

年份	股票投资收益率	同期沪深 300 指数收益率
2013	52.7%	−7.7%
2014	83.2%	51.7%
2015	87.9%	5.6%
2016	15.1%	−11.3%
2017	37.6%	—

芒叔经常说的一句话是："我们这些做价值投资的人，在没看到确定的机会之前都胆小如鼠，不愿意冒一分钱的风险！因为我们深知复利的三大要素就是：本金、收益率、时间（如图 2-1 所示）！当本金为 0 的时候，无论你再怎样努力，结果都是 0。常识就是：任何数乘以 0 结果都是 0。这是我们在小学就曾学过的数学知识，你们都懂！所以做价值投资的人要像信仰宗教一样信仰'常识'！"

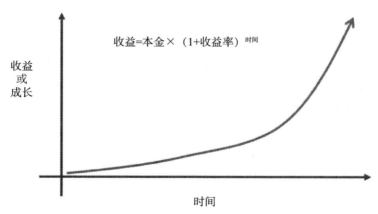

$$收益=本金×（1+收益率）^{时间}$$

收益或成长

时间

图 2-1　本金、收益率、时间关系图

本金是复利的第一大要素，如果没有了本金，哪怕你有再高的收益率、花费再长的时间都是空的。保住本金就是保住下蛋的"母鸡"，用"生命"去护卫它，才能有未来。我们绝大多数人往往任意挥霍"本金"，把下蛋的"母鸡"给扼杀了，还期望从股市中赚钱，每天忙进忙出都是瞎忙。

接下来，大家不妨尝试一下本节的核心理念：看牢本金，只抓确定性高的机会。用这种理念操作一年后，是不是账户的总金额开始上涨了？而在此之前，我们每天都想抓住每一个机会，账户上永远不留空闲的资金，但大部分时间都是"偷鸡不成蚀把米"，账户里面的钱就这样一点点被"蚀"光了。

最后，我再次提醒各位：最大的本金是自己的身体，如果身体垮了，那么一切都归零了！所以长期熬夜、纠结、痛苦地炒股，等于慢性自杀，你在"蚀"掉自己最大的本钱。所谓复利不能断，就是指身体不能垮，记住了！！！

艰难的岁月

要争取复利的奇迹，无外乎要占三个要素。第一，更长的时间（更早开始）；第二，更高的收益率；第三，更可观的初始本金。涉足股市 5 年后的 2011 年，芒叔的农村家庭迎来了一次初始资金的飞跃——拆迁。结合当时低迷的市况，芒叔向他的父亲

允诺"3年必翻番"，才争取到这笔他的父亲积累了半辈子的财富，至此将两父子的感情投入"漫漫熊途"，有了下面这3封信的记录。

第一封信

艰难的岁月

——致父亲

这是最艰难的岁月，因为你我都做了人生中最艰难的选择。我选择了一条布满荆棘的道路，只因为前途光明；你选择了一个涉世未深的年轻人，只因为他是你的儿子！

但是你我的选择却有一个共同点：永远都不乏笑话我们的人！怀疑、嘲笑将伴随我们很久很久，时时在增加我们的耻辱和悔恨，冒充命运劝说我们放弃，劝说我们为此搭上青春、赔上宅基地是何等愚蠢。人生太少事能两全其美，这一切暴风骤雨，你我都应该有准备。

在98万元拆迁款谈不下来的那个阶段，我心生过退念。我做梦时梦里满是这样一幅画面：我坐着公交车盘旋着上山，车子很破，行进很慢，我决心下车自己径直登山而上。我一心想要超越公交车率先登顶，但结局反复。有几次我梦见自己成功超越公交车，有几次我梦见自己跌落山崖。你们只是在卖一栋房子，而我却要权衡时间、收益、心理。我太累了，累的时候真希望你们是狠心的父母，一口回绝我的主张。但一直得到你们无条件的支持，这让我梦醒后仍觉得安心。最终我内心的理性胜出，只因为我看到了未来 3 年的与众不同和我自己在金钱以外的追求。

3 年，不短不长。对于你，除了 1 套房子变成 5 套房子后，身边人短暂好评带来的虚荣外，不会再有什么。若房子涨到 5000 元 / 平方米，你会在三四年后坐拥 200 多万元的资产，你的人生因此发生什么变化了吗？手里有 200 多万元的你作何打算？能让这钱最终够享用一生了吗？这是一个包袱，你真的会背得很轻松吗？

但是未来的 3 年对于我而言，可能是人生中第一次如此清晰地看到市场的不理性并下重注，即将第一次经历如此完整的投资轮回。回报不只是财富，更是在压力极限下持续磨炼出来的经验、毅力和相对其他投资人无与伦比的优势。我能因此而受用一生。

你们的选择注定看上去像豪赌，因为我年纪尚浅，未有成功的记录宽慰你们的不舍和眼泪。但你们追求的稳健、把不亏损放在首位的理念也正是我遵循的"价值投资"的要义。在追求财富的道路上，我反复问自己，这是赌博吗？这是可以在我 80 岁依然经得起考验的投资理念吗？虽然我的经验还不丰富，但我自始至终要求自己保持理性，我对财富负责的态度值得你们宽慰。

对于你们，其实我有很多的希望，只因我尚未功成名就，只因我家务工作缠身，只因我现在处在人生转折的风口浪尖，无法平心静气地去引导你们过更有意义的生活。年轻时有梦想、年长时有爱好、年老时有信仰的人生是幸福的。你们的前半生，是匆忙赶路、资本积累的艰辛历程。成功的今天，其实你们缺失了很多生活原始的快乐。忙碌或追逐金钱已经不是你们这个年纪再来推脱家庭团圆的理由了！醒醒吧，我不是啃老族，在如今车房具备、家庭圆满又充满希望的环境下，请你们积极转型，回归家庭吧。

3 年后，可能你已不再记恨我，但可能还会记得我挂掉你后悔电话的今晚。祝愿我们到那时回忆起今天的艰难岁月，都能一笑而过。

儿子敬上

2011 年 6 月 13 日夜

第二封信

覆水难收，覆水不收

——致父亲

艰难的岁月，原来可以变得更加艰难，在过去的一年中，这一切真的发生了。一年前，我认为自己拿到了一副必胜的牌，成功唾手可得；一年后，我仍然确定自己拿着一副好牌，成功迟早会来。成功如期而至，虽然不及提前实现，但也算不上坏消息，不是吗？

这一年，我学到的最深刻的一课便是：坏季节原来可以持续这么久，久到超过所有历史纪录，超出所有投资元老的预期。相应的，低估值原来可以如此长期地保持，低估值可以一跌再跌，甚至跌穿历史最低纪录，然后趴在地板上。股票好像"死掉了"，好像永远不会再涨了。

市场自然会寻找出很多理由，来解释这一场全新的悲剧，其中有些确实符合事实，大部分则毫无道理。我检索所有的事实，一些方面确实让人沮丧，比如欧债的危机、国际政治风险，因为这些危机看上去真的没有答案，或者必须经历"血腥"才会有结局。

但是我相信自己是巴菲特所说的那种"10分钟便看得懂价值投资"的人，然后我又用超过6年的时间学习了"如何将价值投资奉行一生"，明确了自己想从资本市场取得哪一种成功，懂得了如何把自己的行动局限在自己的能力圈内，也用心感受市场先生在这6年中的狂热和哀伤。我想我已经具备在这个市场中存活下来的能力，并且已经行走在崎岖的成功路上。

最简单地说，投资后不惧风大浪急，仍可以夜夜安枕，是因为我相信自己的投资建立在坚实的"安全边际"之上。

中国股市诞生了20年，大致可以分为3个阶段。

第一阶段，1992—2005年，钱多股票少，股票长期被高估（高于缓慢增长的价值线），直到2004年后市场彻底崩盘，跌到998点。

第二阶段，2005—2011年，股市改革后一些重大顽疾被根除，中国股市开始成为真正的资本市场。2006年后随着银行等国有大企业上市，股市整体的质量和赚钱能力大大增强，这也直接催生了2007年的狂热牛市和2008年的巨大熊市。股价开始围绕价值线上下波动，开始与国际成熟市场接轨了。

第三阶段，从 2012 年开始，功能渐趋完善的股市肩负起新一轮金融改革的排头兵任务。这场声势浩大的金融改革，被外界认为是中国能否越过"中等收入陷阱"的关键。未来几年，政府手中还有足够的牌，有能力让经济再度回升（虽然可能是最后一搏），股市也将从远低于"价值线"的低位回升，甚至可能诞生牛市。如果假设为真，最大的受益人将是社保基金、保险资金及合格境外投资者等长期机构。银行股，可能在历经 4 年无数的谩骂和唾沫之后，重现价值的光辉，而 2 折净资产甩卖的地产股仍可能被泡沫高高托起。

无论如何，在 2012 年 6 月的今天，股市已跌破所有可能的支撑，向 2008 年的地狱深渊滑落。面对这样漫漫无期的寒冬，我只能满怀美好的希望，也接受残酷的现实，还清莫须有的借款，不接受投资委托，去除一切杠杆，以自己能支配的长期财力稳健投资，耐心地等待春天重临。

覆水难收，我对你感到内疚。如果让我回到一年前，重新让我选一次，可能仅仅因为这一年你受的苦和心中的郁结，我便会轻易拒绝自己的武断。我没有权利剥夺年近 50 的你对自己财富的选择。

覆水不收，如果考虑投资机遇，考虑自己将一生追求的这种成功，我还是希望可以尽可能地重拳出击，好好把握这个因为全世界经济难题都仿佛永远无法解决而盘跌出来的、类似 2008 年金融危机创造出的机会。

儿子敬上

2012 年 6 月 29 日

第三封信

不与时间为敌

——致父亲

在前两年中，我都会向您汇报一下投资情况和感悟，今年却迟迟不敢动笔。一是今年的投资形势较悲惨的去年没有丝毫的好转；二是我的心情被"3年之约"压得死死的，日子一天天过去，我感觉很累、很无助。

我其实一直尝试用真相说服自己安心，让自己放下曾向你允下的诺言，所谓3年必见奇效。时至今日，我可能只是缺乏一个契机，向你承认自己把时间作为赌注的愚蠢。是的，在时间这个因素上，无须等到2014年6月了，我已经准备好向你举旗投降。

我也庆幸，自己只是毁了与你的君子之约，你一定会原谅我，而从投资的最终结果上来看，我不会受到任何的惩罚。我庆幸自己不是在投资的杠杆上，或代朋友理财时将时间作了赌注，被扫地出局或拉入黑名单。不开玩笑，这些急于求成或扩大战果的途径我想过很多，并都涉猎和尝试。只是最终我听从巴菲特理念，远离了杠杆和不能理解的投资，换来了一夜安眠。

具体落到投资，落到现在的投资组合，我没有什么可以改变。我对现在自己的投资感到满意，我持有4万股5倍市盈率的招行，跌破10倍市盈率的贵州茅台让我激动，我还没有想好是否应该换仓买入一些。港股中我重仓惠理，相对管理的资产规模，它也很便宜，港股的现金是为恐惧之巅的便宜货准备的，希望下半年有机会。我并没有太了解美股，独买苹果，成长股向价值股转变没什么可怕的，只要还能赚钱并且价格诱人。

股票是公司的一部分，股票赚钱无外乎两个原因。第一，公司赚钱分红或体现在股价上；第二，市场对公司的评价变得乐观。两个原因分别演变出无数的投资、投机及赌博套路，众说纷纭，各行其道。我的研究劣势和长期资金优势决定了我的投资范围，只能局限于很小比例的看得懂的稳定生意，并在足够便宜时买入，长期持有，耐心等待公司盈利或股价不再被低估。

儿子敬上

2013 年 9 月 4 日

事后再看这段艰难岁月，芒叔将其认为是投资之路的必要之苦，是资本积累从 0 到 1 的必要过程。时机出现时，在外人看来是赌性十足的选择，也是理性投资人的坚毅之选，即便过程是如此疼痛。而那种挥之不去的疼痛，经过时间，最后竟化成美好回忆，在那"伸手不见五指"的三四年里，芒叔对投资理念和自己的能力、性情、志向的反复拷问，成为他投资生涯的动力源泉。后来每次经历市场先生莫名其妙的状况时，他都会回顾这段艰难岁月，然后一笑置之。成功是失败之母，那段暗黑岁月成了他给自己最珍贵的礼物。

精选留言

随遇而安：

读后我无法组织文字用来表达两代人碰撞"对话"给我带来的内心感受，只知道时代与社会的进步恰恰是因为有了芒叔这样的"年轻力量"！谢谢十点分享别人的"传家宝般的私信"。

狐狸来了（婷）：

我最讨厌的事情之一就是每天盯盘，大好时光全浪费在那块屏幕上，眼睛干涩，精神疲惫……我今年在十点君这里受到启发，认识到价值投资才是投资的真谛，不再傻傻盯盘，不再纠结一时的涨跌，买入安全靠谱、有实际利润增长的股票，静待日后的收获。我的心态和精力也因此得到了舒缓……感谢十点君的价值投资的理念，相信因此而受益的朋友会和我一样心存感激。

十点：

学会价值投资后，你的生活自在多了吧？

尖尖果：

谢谢十点老师送给我们的精神食粮！芒叔的三封信，写出了他对投资认知的心路历程，好文！我看后感触颇深。这样的好文章，我必须保留下来，以后经常读一读，让头脑清晰一些，便不至于迷失在投资的路途上。

十点：

你可以把它打印出来，经常阅读。

梦醒成真：

从芒叔的三封家书中，我既看到了父亲对儿子的无私支持（父亲担心又不情愿，但最后还是把资产奉上，同样作为父亲的我深有体会），又看得出芒叔的自信和坚定，这份自信源于芒叔多年的深入研究，天道酬勤，终有回报！同时我也体会到了那几年芒叔的精神压力不小。

老师群里一个粉丝的分享内容

2020 年 12 月 22 日大盘大跌，很多人又开始"坐不住了"，但是我们惊喜地发现，我们的一个"十点教师粉丝交流群"里有一名老师分享的内容非常好，给他点赞！但是很抱歉，我没有征得他的同意就分享给大家了，如有异议可以给我留言删除，全文如下。

其实股票下跌不难熬，难熬的是心里没底。所以在投资时，永远不要把自己的希望寄托在别人的情绪上。我们每个人都应该感谢这次下跌，如果你已经有了成熟的交易体系，那么这次下跌是你低价购买优质资产的好机会。未来你的财富可以大幅度提升。如果你还没有成熟的交易体系，这次下跌是一个很好的考验，早犯错误早改正，才有可能走向成功的路，就像那首歌唱的："不经历风雨，怎么见彩虹，没有人能随随便便成功。"

投资不是打麻将，不用去思考大家都有什么牌、各自怎么想。没有什么时候能是完全风平浪静的，如果天天担心，既会折寿，又不会对超额收益做出贡献，等于是玩一个结果糟糕、过程郁闷的自虐游戏。

投资就是要做两个大判断：**第一，国运看不看好；第二，有没有足够便宜的好公司**。第一个判断决定战略定力，第二个判断决定执行策略。如果两个判断都是肯定的结果，那么就踏踏实实持有股票并等着财神爷来敲门；如果第一个判断是肯定的结果，第二个判断是否定的结果，那么就耐心等待决定性的上车时机；如果第一个判断是否定的结果，那就没必要考虑第二个判断，尽快跑路，也能省去了烦恼。

学习价值投资并不复杂，认真读几本公认的好书，足以掌握这方面的知识。难的是知道并且真的能做到，这就需要克服我们的人性弱点。在投资中，我们需要克服的人性弱点有很多，如果2012年你买了贵州茅台，那么你要克服股票长时间下跌的恐惧，克服长时间跑输指数的煎熬；2014年牛市时，隔壁从不炒股的王奶奶都赚得盆满钵满，贵州茅台依然没有太大的涨幅，可能你依然坚信价值，但面对股票下跌的恐惧，面对跑输指数的不甘，面对亲人的压力，你随时都可能会放弃。

董宝珍老师的《熊市：价值投资的春天》一书的封面上有一句话："**投资表面上是认知博弈，本质上是人性博弈**。"现在看到贵州茅台上千元的股价时，人们当然会认为2013年股价100多元的贵州茅台便宜，但在当时又有几个人能克服恐惧、坚信价值，想买得便宜，必然是在大多数人都不看好的情况下买入，但这个世界上最难的事，就是逆流而行。塔勒布的《非对称风险》是一本非常有意思的书，他用一个个小小的故事，讲透了很多投资与人生的哲理，这本书非常适合用来培养阅读习惯，每天挤一点时间就能读完完整的一节，让人在投资和人生方面发现另一种视角，读书就是投资进步的开始。

截至 2020 年末，我做股票已经有十几年了。**这些年来，投资给我带来的最大改变就是让我懂得慢下来，懂得不去埋怨别人而是改变自己，只有敢于承担，才能成长，这个世界上除了我们自己，没人能为我们的金钱和决策负责。投资这件事一定要宠辱不惊，如果股票涨了，不要信心膨胀，为自己保留一份敬畏之心；如果股票跌了，也不要失去信心，因为无论冬天多么寒冷，春天总会到来。**

持有一家企业并真心认可是投资的关键，买入后就一路飙涨、从不下跌是基本不可能的，我们一定会遇见下跌的时候。正如这位粉丝所说，"**其实股票下跌不难熬，难熬的是心里没底，所以投资这件事，永远不要把你的希望寄托在别人的情绪上**"。

精选留言

三木先生：

我近日又反复听了《赢得输家的游戏》这本书，非常震撼，买沪深 300 指数，等于买顶级公司，还有顶级投资专家为您理财，更直接的好处是节省了大量时间、精力，以及每年惊人的手续费，何乐而不为呢？我从今年初开始定投沪深 300 指数基金，加上在每次低位时分批按 5 倍、10 倍增加买入额度，今年已取得 17% 的收益了。关键是涨跌都开心，我不用时刻盯盘，只需每天收盘前看一看，如果有大跌，可以加仓。现在我已将个股全部清仓，将资金抽出来，希望市场再来几次大跌，以便有机会将这些资金投入进去。以后将沪深 300 指数作为价值股来看待，就一定会坦然长期持有，享受到国家发展的红利了！老师分析了这么多，如再不觉醒也没得救了！

荣荣：

感谢十点君的分享。我认为赚钱是为了自己，投资策略也是自己要考虑好的，坚持价值投资是我的不二选择！

东杰：

投资这件事就是锻炼我们的心、修心，更多的时候是自己账户的价值和认可的公司的价值一起成长。

steven.wan：

我最近在看《聪明的投资者》，还没有看完。这本书第八章里面讲了波动，认识企业的内在价值就不会被市场的价格所左右，我还在继续看，目前的感觉是，做投资要先学会怎么给企业估值。

每年存 1.4 万元就能成为亿万富翁

很多人觉得自己既没有本钱，又没有本事，就是一个穷人的命。这句话的背后体现的是意志的颓废，殊不知，穷人变成富人靠的不是本钱，也不是本事，而是时间。你只需要看完本节内容，理解这个常识，并不需要很高的学历，也不需要很多的本钱，更不需要你很聪明，相反恰恰需要你"傻"一点，就可以成为富人，而且让你世世代代都不缺钱。

这不是忽悠大家的话，如果你的父母在他们的年轻时就理解了这个常识，那么你这一代一定已经很富有了。很可惜，哪个时代也没有给你父母机会，我们的证券市场才开始几十年，不像欧美已经有上百年了，所以欧美国家的很多人依靠投资，早富过三代了。

我们今天要讲的常识就是：复利。复利可以让一个普通工薪阶层成为亿万富翁。有个传播很广的典故：假如你每年存下 1.4 万元，40 年后你就可以成为亿万富翁。这个是怎么计算出来的呢？我用表格给大家统计了一下，如表 2-6 所示。

每年存下 1.4 万元，假如每年的投资收益率能够保持在 20%，大概 40 年可以累计获得 1 亿元资产。40 年正好是一个人一辈子的工作周期（20 岁工作，60 岁退休），也就是说，如果你从刚工作时就开始给自己存养老金，每年存 1.4 万元（约每月存 1167 元），年化收益率保持在 20%，那么到你退休的时候就会拥有 1 亿元资产。

表 2-6　40 年期复利计算

单位：万元

年数 \ 年化收益率	5%	10%	15%	20%
1	1.40	1.40	1.40	1.40
2	2.87	2.94	3.01	3.08
3	4.41	4.63	4.86	5.10
4	6.03	6.50	6.99	7.52
5	7.74	8.55	9.44	10.42
6	9.52	10.80	12.26	13.90
7	11.40	13.28	15.49	18.08
8	13.37	16.01	19.22	23.10
9	15.44	19.01	23.50	29.12
10	17.61	22.31	28.43	36.34
11	19.89	25.94	34.09	45.01
12	22.28	29.94	40.60	55.41
13	24.80	34.33	48.09	67.90
14	27.44	39.16	56.71	82.87
15	30.21	44.48	66.61	100.85
16	33.12	50.33	78.00	122.42
17	36.18	56.76	91.11	148.30
18	39.39	63.84	106.17	179.36
19	42.75	71.62	123.50	216.64
20	46.29	80.18	143.42	261.36
21	50.01	89.60	166.33	315.04
22	53.91	99.96	192.68	379.44

（续表）

年数 ＼ 年化收益率	5%	10%	15%	20%
23	58.00	111.36	222.99	456.73
24	62.30	123.90	257.83	549.48
25	66.82	137.69	297.91	660.77
26	71.56	152.85	344.00	794.33
27	76.54	169.54	397.00	954.59
28	81.76	187.89	457.95	1146.91
29	87.25	208.08	528.04	1377.70
30	93.01	230.29	608.64	1654.63
31	99.07	254.72	701.34	1986.96
32	105.42	281.59	807.94	2385.75
33	112.09	311.15	930.53	2864.30
34	119.09	343.67	1071.51	3438.56
35	126.45	379.43	1233.64	4127.68
36	134.17	418.78	1420.08	4954.61
37	142.28	462.06	1634.50	5946.94
38	150.79	509.66	1881.07	7137.72
39	159.73	562.03	2164.63	8566.67
40	169.12	619.63	2490.73	10281.40

我个人认为，这个难点不是一年能否存下 1.4 万元，而是能否 40 年保持年化收益率为 20%，毕竟"股神"巴菲特 50 年的平均年化收益率才 18%。但是年化收益率为 10% 对于普通人来说是有可能的，假如你每年存 1.4 万元，年化收益率为 10%，那

么等到你退休的时候就会拥有大约 619 万元的资产。如果能够继续保持 10% 的投资收益率，那么每年可以获得约 62 万元的投资收益，平均每月超过 5 万元。也就是说，40 年前你每月存 100 元，现在每月领 5 万元，而且还不用工作，这个结果应该还不错吧。而且这 40 年我们国家经济从计划经济走向市场经济，货币需求量逐步上升，所以物价变化是比较大的，未来 40 年货币需求量会越来越稳定，不可能还那么大。我们可以参照美元的购买力变化来比较一下（见表 2-7）。

表 2-7 1920—2015 年 1 美元购买力与 2016 年的对比

单位：美元

年代	1 美元购买力与 2016 年的对比
1920	11.9630
1925	13.6721
1930	14.3270
1935	17.4643
1940	17.0901
1945	13.2923
1950	9.9278
1955	8.9276
1960	8.0831
1965	7.5956
1970	6.1665
1975	4.4472
1980	2.9037
1985	2.2236

（续表）

年代	1 美元购买力与 2016 年的对比
1990	1.8306
1995	1.5700
2000	1.3894
2005	1.2251
2010	1.0972
2015	1

　　如表 2-7 所示，相对 2015 年，如果往前推 40 年，也就是 1975 年，美元的实际购买力下降了 75% 以上。按此估算，假如未来 40 年，货币贬值 80%（已经很高了），也就是说，40 年后的月收入 5 万元相当于现在的月收入 1 万元。我认为现在不工作，每月收入 1 万元，不需要买房买车，应该过得不错了。

　　如果你还想继续存下去，给孙子留一笔家族资产，让你儿子接续再存 40 年，按照每年 10% 的增长速度，最终会有多少财富呢？很有趣的问题，我再来算算（如表 2-8 所示）。

　　我们不去看年化收益率 20% 的那一档了，因为这个基本无法实现。但是，**现实中 10% 的年化收益率还是可行的，2 代人，也就是 80 年时间，到你的孙子那一代时可以拥有大约 2.8 亿元的巨额财富。**用 2.8 亿元的本金，每年可以获得 2800 万元的收益，平均每月获得大约 233 万元，即使按照通货膨胀后的购买力 10 ∶ 1 来计算，也相当于现在你每月收入 23.3 万元，应该也是衣食无忧了吧！

表 2-8　80 年期复利计算

单位：万元

年数 ＼ 年化收益率	5%	10%	15%	20%
1	1.40	1.40	1.40	1.40
2	2.87	2.94	3.01	3.08
3	4.41	4.63	4.86	5.10
4	6.03	6.50	6.99	7.52
5	7.74	8.55	9.44	10.42
6	9.52	10.80	12.26	13.90
7	11.40	13.28	15.49	18.08
8	13.37	16.01	19.22	23.10
9	15.44	19.01	23.50	29.12
10	17.61	22.31	28.43	36.34
11	19.89	25.94	34.09	45.01
12	22.28	29.94	40.60	55.41
13	24.80	34.33	48.09	67.90
14	27.44	39.16	56.71	82.87
15	30.21	44.48	66.61	100.85
16	33.12	50.33	78.00	122.42
17	36.18	56.76	91.11	148.30
18	39.39	63.84	106.17	179.36
19	42.75	71.62	123.50	216.64
20	46.29	80.18	143.42	261.36
21	50.01	89.60	166.33	315.04
22	53.91	99.96	192.68	379.44

（续表）

年化收益率 年数	5%	10%	15%	20%
23	58.00	111.36	222.99	456.73
24	62.30	123.90	257.83	549.48
25	66.82	137.69	297.91	660.77
26	71.56	152.85	344.00	794.33
27	76.54	169.54	397.00	954.59
28	81.76	187.89	457.95	1146.91
29	87.25	208.08	528.04	1377.70
30	93.01	230.29	608.64	1654.63
31	99.07	254.72	701.34	1986.96
32	105.42	281.59	807.94	2385.75
33	112.09	311.15	930.53	2864.30
34	119.09	343.67	1071.51	3438.56
35	126.45	379.43	1233.64	4127.68
36	134.17	418.78	1420.08	4954.61
37	142.28	462.06	1634.50	5046.04
38	150.79	509.66	1881.07	7137.72
39	159.73	562.03	2164.63	8566.67
40	169.12	619.63	2490.73	10281.40
41	178.98	682.99	2865.74	12339.08
42	189.32	752.69	3297.00	14808.30
43	200.19	829.36	3792.95	17771.36
44	211.60	913.70	4363.29	21327.03
45	223.58	1006.47	5019.18	25593.83

（续表）

年化收益率 年数	5%	10%	15%	20%
46	236.16	1108.51	5773.46	30714.00
47	249.37	1220.76	6640.88	36858.20
48	263.24	1344.24	7638.41	44231.24
49	277.80	1480.07	8785.57	53078.89
50	293.09	1629.47	10104.80	63696.07
51	309.14	1793.82	11621.92	76436.68
52	326.00	1974.60	13366.61	91725.42
53	343.70	2173.46	15373.00	110071.90
54	362.28	2392.21	17680.35	132087.68
55	381.80	2632.83	20333.81	158506.62
56	402.29	2897.51	23385.28	190209.34
57	423.80	3188.66	26894.47	228252.61
58	446.39	3508.93	30930.04	273904.53
59	470.11	3861.22	35570.95	328686.83
60	495.02	4248.74	40907.99	394425.60
61	521.17	4675.02	47045.59	473312.12
62	548.63	5143.92	54103.82	567975.94
63	577.46	5659.71	62220.80	681572.53
64	607.73	6227.08	71555.32	817888.44
65	639.52	6851.19	82290.02	981467.53
66	672.89	7537.71	94634.92	1177762.43
67	707.94	8292.88	108831.56	1413316.32
68	744.73	9123.57	125157.69	1695980.99

（续表）

年数 \ 年化收益率	5%	10%	15%	20%
69	783.37	10037.32	143932.74	2035178.58
70	823.94	11042.46	165524.05	2442215.70
71	866.54	12148.10	190354.06	2930660.24
72	911.26	13364.31	218908.57	3516793.69
73	958.23	14702.14	251746.26	4220153.82
74	1007.54	16173.76	289509.60	5064185.99
75	1059.32	17792.54	332937.43	6077024.59
76	1113.68	19573.19	382879.45	7292430.90
77	1170.77	21531.91	440312.77	8750918.48
78	1230.70	23686.50	506361.08	10501103.58
79	1293.64	26056.55	582316.64	12601325.70
80	1359.72	28663.60	669665.54	15121592.23

所以如果我们想要富裕，归根结底不是你现在拥有多少本金，而是你的复利可以持续多长时间。而持续复利的关键是身体健康、活得更久，所以放弃痛苦的短线炒股生活，进入坦然、开心的价值投资生活很关键。

我再给大家讲一个有趣的复利故事。400 年前，印第安人把曼哈顿以 24 美元的价格卖掉了，然后他们把这 24 美元换成了小珠子和饰物，消费出去了。后来，1988 年印第安人想买回曼哈顿，当时的曼哈顿价值为 281 亿美元，印第安人根本没有那么多钱。但是如果在 1626 年，把他们卖掉曼哈顿得到的 24 美元按照 8% 的年化收益率来累计起来，将近 400 年的时间后，这 24 美元已经累积成 30 万亿美元的天文数字。现在的曼哈顿最多也就值 1 万亿美元，就算是 30 个曼哈顿，印第安人也买得起。所以大家不要小看你浪费掉的每一分钱，加上时间后，都是巨额财富。

总之，**只要找到合适的保值增值方式，不论你现在有多少财富，将来都是巨额财富。**而这个合适的保值增值方式就是：定投指数基金，它是可以永生的投资渠道，而且从长远的角度看，年化收益率为 8%~10% 是大概率可以实现的。**如果加上你在市场低估的年份加大额度买入一部分，那么不用太长时间，你就会拥有巨额财富，成为真正的富人。**

精选留言

独角兽之翼：

40 年前，一个人的月工资大概是 30~40 元吧，即便是两个人的工资相加也很难存 100 元吧。

十点：

改革开放之前的数据没有参考性，对比市场经济的国家，40 年前的普通工人工资大约是 1000~2000 元，存下 100 元是小事。

果敢信：

大多数人都在纠结每年的年化收益率能否达到 10%，单独每一年的年化收益率可能很难达到 10%，但是拉长周期，平均每年的年化收益率肯定能达到 10%，主要还是因为人心是贪婪的，觉得短期收益太少、太慢，总要折腾。

十点：

你说得很对！

300 年赚了 300 亿美元

张磊的《价值》一书里面提到，美国的大学比我们想象中更有钱，他书中说到的耶鲁大学捐赠基金的资产已经高达 303 亿美元。而张磊的老师大卫·史文森 1985 年刚接任耶鲁大学捐赠基金管理人时，该基金资产只有 13 亿美元，截至 2019 年 6 月，仅用了 22 年的时间，耶鲁大学捐赠基金的资产已经增长了 22 倍，并创下了年化收益率为 12.9% 的净回报，而同期标普 500 指数年化回报约为 7.4%，这一亮眼的成绩叱咤投资业界。其中最大的功臣当然是大卫·史文森，他被称为最好的机构投资管理人，是仅次于巴菲特的传奇。

先介绍一下张磊的这位老师史文森，首先用芒叔的话来说，他人品非常好，具有非常高尚的品格。虽然他在华尔街出生，但是绝对不是见钱眼开的人。当年他可是放弃了在华尔街高薪工作的机会，而选择降薪 80% 去了耶鲁大学，同时他也是一个坚定的长期主义者。史文森习惯了以俭为德的生活，只想做一个有良知的人，而非服务于赚钱。史文森早年师从诺贝尔经济学奖得主托宾，也受邀于托宾来到耶鲁大学。史文森曾在华尔街崭露头角，在华尔街工作 6 年后，年仅 31 岁的史文森应恩师之邀，于 1985 年出任耶鲁大学首席投资官，并在耶鲁大学商学院教书育人。

耶鲁大学捐赠基金原先的投资策略如同其他捐赠基金一样，收益并不抢眼。但自从大卫·史文森从 1985 年接管以后，耶鲁大学捐赠基金在之后的 10 年里达到了年均 17.2% 的回报率，比市场平均值高出很多，甚至还超过了不少大名鼎鼎的私募机构。

就因为史文森，耶鲁大学捐赠基金形成了一种模式——"耶鲁模式"，现任的麻省理工、普林斯顿、斯坦福等名校的捐赠基金管理人都是史文森的学生。史文森的投资模式有别于巴菲特的价值投资，但都是同属于长期主义的价值投资。那么史文森的投资模式有什么特别之处呢？耶鲁大学捐赠基金配置的资产大致分为八类，分别为：绝对收益类资产、美国股票资产、固定收益资产、境外股票资产、油气林矿、私募股权（PE）、房地产和现金类资产。这并不像我平时说的价值投资，主要用于股票的二级市场买卖。

说得通俗一些，耶鲁大学捐赠基金的投资模式就是哪里有机会就投哪里，不管上不上市、是不是股票。当然，这么广泛的投资很考验管理人的能力，得有一个很庞大的投研团队，但是这种非营利性的捐赠基金不允许高薪聘请基金经理，待遇只能像史文森的老师当年召唤他回来一样，活要干，钱不多，但是有崇高的理想可以奋斗，如果愿意就来。史文森刚上任时无米下锅，所以采取了和优秀的长期基金合作的策略。张磊的高瓴资本第一期 2000 万美元的投资就来自于耶鲁大学捐赠基金，最后张磊用 15

年的时间给他们赚了 45 倍的收益，拿回去了 9 亿美元。

其实巴菲特的投资也不局限于上市公司，他早年投资的喜诗糖果就不是上市公司，1972 年买入该公司的时候，其一年利润为 400 万美元，巴菲特花了 2500 万美元买下整个公司。到 2007 年的时候，喜诗糖果用一年的时间给巴菲特赚了 7200 万美元。还有内布拉斯加家具店，1983 年巴菲特花了 5500 万美元收购其 90% 的股份，当时该公司一年利润才 550 万美元，大概 11 倍市盈率。之后 10 年，内布拉斯加家具店给巴菲特赚了 8000 万美元，他用这些钱继续去投资别的公司又赚了更多。

所以我们做价值投资时，未必只能投资上市公司，只要是好生意都可以投资。而且往往是身边的好生意，我们才更了解、更可靠。哪怕隔壁老王要开一家面馆，你觉得他靠谱，也可以投资。当然，最好的投资就是投资你自己，提升自己的认知能力，未来一定会赚得更多。

再说回大学的捐赠基金，耶鲁大学捐赠基金的三大核心策略如下。

第一，权益为主。耶鲁大学捐赠基金的整体资产配置几乎是永远满仓，而且权益类资产占了三成以上，通常权益类资产代表的就是高风险、高收益，因此还要搭配后两大核心策略。

第二，价值投资。选择价值被低估的标的，就像上述的绝对收益类资产在资产配置中的角色一样。

第三，资产配置。通过分散配置不同大类（如房地产、原物料、贵金属）资产来有效降低风险，更稳健地获得高收益。

就是通过这种模式，史文森把耶鲁大学捐赠基金做到了全球收益率第一，绝对资产规模第三。

哈佛大学仍然最厉害，其捐赠基金规模排名第一，但是收益率不如耶鲁大学捐赠基金。2018—2019 年财报的最新数据显示，截至 2019 年 6 月 30 日，哈佛大学合计净资产（Total Net Assets）约为 492.8 亿美元，较 2018 财年（469.6 亿美元）增长约 23 亿美元。其中哈佛大学捐赠基金（Endowment）总规模达到 409.3 亿美元，占哈佛大学净资产总额的 80% 以上。同时期，哈佛大学的年度运营经费开支在 50 亿美元左右。换言之，仅从数值上来看，如果哈佛大学从现在起没有任何收入来源，那么其高达 400 亿美元以上的"捐赠基金池"能够维持这所世界顶尖名校若干年的运营。

其实，在美国的这些大学中，除了校友捐赠金额很高之外，最重要的还是投资收益很高。但是相比于校友捐赠的数目，投资收益来得更多，主要还是因为采取可靠的价值投资策略，用时间这个利器，把资产规模逐渐滚大，毕竟美国这些名校大多有几百年的历史了，比如耶鲁大学就有 300 多年的历史了。

耶鲁大学捐赠基金，最早来自伊莱休·耶鲁（Elihu Yale）的捐赠，他于 1718 年把自己的 417 本书和一些家当捐赠给了这所新建的大学，为了纪念他，这所大学改名为耶鲁大学。在 300 多年的时间里，耶鲁大学捐赠基金一边接受捐赠，一边承担学校的部分开销，还有稳定的投资收益复利累计，截止 2019 年 6 月，不知不觉基金规模就到了 303 亿美元。捐赠基金已经是这所大学主要的开销来源之一，2019 年财年耶鲁大学总共开销 41 亿美元，其中 14 亿美元来自捐赠基金的收入。我们算一下耶鲁大学捐赠基金一年花掉的钱的比例：14 亿 ÷ 303 亿 × 100%≈4.6%，差不多就是符合 4% 的法则。

什么意思呢？就是说如果你每年花销掉总资产的 4% 以内，那么根据复利增长原理，你的资产就会保持增长。像耶鲁大学捐赠基金一样，通过 300 多年的复利增长，当初的几十万美元可以变成 303 亿美元，而且可以每年花费 14 亿美元。所以好好投资，拉长周期，你的子子孙孙都不会缺钱了。做到延迟满足，长期投资，现在你花的每一分钱都是巨款，只要每年花掉不超过净资产的 4%，资产就会越花越多，这就是慢慢变富的魅力所在！

精选留言

Roland 陈鑫：

当年耶鲁大学捐赠基金投资给高瓴资本 2000 万美元，然后高瓴资本让耶鲁大学捐赠基金的收益翻了很多倍。《价值》这本书写得很好，值得好好品味。

十点：

高瓴资本公开的业绩是其在 15 年中获得了 45 倍的收益，所以张磊很厉害，超越了他的老师，当然也是遇到了中国的经济腾飞期，所以大环境也很重要！

孤帆远影：

十点老师，我不太明白您说的 4% 法则，难道和收益率没关系吗？

十点：

前提是通过价值投资获得稳定收益，一般年化收益率在
10%~15%。

非法荐股的危害

十点永远不会荐股：推荐股票害人，推荐好货帮人！大家一
定要记住这句话！

作为一个拥有几十万名粉丝的公众号主理人，加上粉丝们对
我高度的信任感，我不能信口雌黄，更不能误导大家，我的言行
都要考虑到要对大多数人有利，最好是对所有人有利。如果我真
的号召我的粉丝去购买一只股票，那么明天我的公众号就会被封
掉了。封的理由很简单：非法荐股！这是监管的红线，也是我的
底线，我永远不会荐股。我们可以共同来分析一家公司的优缺
点，但是不能建议你买还是卖，更不能收费荐股，那是直接的违
法行为。所以下次有人收钱推荐你股票，你可以直接拨打110。

国家为什么要禁止非法荐股？其实还是为了保护大家。你们
想，这里面的诱惑有多大？亏惨了的散户是没有理智的，如果
有人说推荐给他一只可以把亏损赚回来的股票，他可以立刻掏
出 5 万元、10 万元交费。也就是说，如果没有人监管，这里面

不知道会骗掉多少人的血汗钱。而且非法荐股不仅仅会骗掉你的血汗钱，还会让你亏损累累，因为这些非法荐股的人根本没有能力来推荐股票。前些年抓出来的非法投顾机构，里面天天在指导别人操作股票的所谓老师也许是一个还没出校门的实习生。危害更大的是，这些销售人员为了让你多掏钱买更高级的课程，会片面地讲一些煽动性的话，让你倾家荡产投入进去，那真是亏得万劫不复！所以这个行业，国家要设置高门槛，同时严厉打击非法投顾。这几年监管部门发现，那些有合法执照的投顾公司也存在很多问题，比如借给别人牌照，旱涝保收。而借牌照的人胡作非为，和违法没什么差别，所以这几年连同合法公司，监管部门都采用了高压政策管理，非法荐股泛滥的情况真的好了很多，大大避免了我们本来就在股市深深受伤的散户受到二次伤害。

当然，真正要做到不被骗，还得需要大家自己擦亮眼睛、提高认知。另外，教大家一招，你只要简单思考一个逻辑：如果这个人真的那么厉害，他为什么自己不从股市赚钱，还要收你的会员费呢？所以经常来看十点的文章可以让你绕过投资路上的陷阱，十点也帮不了你赚钱，作为过来人，最多提醒你一下哪些是弯路，仅此而已！

当然，推荐股票除了是非法的行为之外，也是一个投资误区。这是一个不对的事情，十点反复告诉大家：不对的事情不要做，我们一生只做对的事情，如果发现自己在做不对的事情，哪怕代价再大，也必须立即停止，否则未来代价会更大！下面我给大家讲讲不对的原因。

只要你一直还在想通过别人推荐股票做投资，那么我真心建议你清空股票，定投指数基金。为什么这么说呢？但凡当你不太确定地买一只股票时，你一定是不了解这家公司的，那么你一定会在股价大幅下跌的时候因感到恐惧而卖掉，最后一定是以亏钱收场。因为任何股票二级市场每天的价格都会大幅波动，这是谁也无法预料和控制的行为。但是如果你非常了解一家公司，那么完全可以过滤这种波动，而且从波动中受益。比如，在股价大幅下跌的时候可以买到更便宜的筹码，从而增加利润，这就是从波动中受益，具有反脆弱性。

我之前和大家反复提到过，哪怕你碰到一个高手，他推荐给你 5 次股票，其中 4 次成功，1 次失败，那么最后可能也会亏损。而且听着别人的指令买卖股票是很痛苦的事情，因为没有自己的买卖逻辑，所以心里特别不踏实，市场出现一次波动、听到一个消息，该怎么操作，心里特别没有底，所以要一次次地去问，而被问的人其实也无法确切回答你，没有得到肯定的回答会让你更纠结、痛苦。如果你通过别人推荐的股票赚到钱了，那么你可能会很难收手，不用多久，你一定会遇到亏损的股票，然后你很可能会死扛，最后把之前所有的获利全部亏损。这也是很多散户长期以来做股票到现在一直亏钱的根本原因，从未赚到过有确定性的钱。而我们定投指数基金，哪怕每年只赚取 8%~10% 的收益，那也是有确定性的钱，所以随着时间的推移，不知不觉就会积累起财富。

总之，靠荐股投资，对你而言是既痛苦又亏钱的傻事，你现在应该很明白我为什么不推荐股票了吧，因为那真的是害人的行为。我们做任何事情都要有根有据，不能做无根基的事情。想抄作业也得问问原因，这样知识才能变成你自己的。我协助大家分析一家公司，一方面可以共同探索方法，另外一方面也是给你买入的"根基"，有了这个"根基"才会有未来资产的茁壮成长！本节值得大家反复阅读，以便树立正确的投资观念，远离非法荐股，这样你就会离幸福越来越近！

精选留言

Zzz 睡了：

很庆幸作为一个还没进入社会的学生关注了十点老师的公众号，看了几个月的分析，真心觉得不错，也开始定投基金，从一开始就改变投资观念，走正确的路，没有在一无所知的年纪盲目冲进股市，想来以后能够更快更多地累积财富。咱们十年后见结果！

十点：

你未来会拥有更多财富，因为你拥有最大的资本就是：年轻！这个资本谁也无法和你换，时光也不可能倒流，所以要珍惜和用好"年轻"这个资本。

价值投资的精髓——学习修心篇

人真的只要有理想，都会慢慢实现。如果你现在还刚出校门，那么要学会不跟风，每个阶段用几年专注于自己的小目标，只要有理想，都会一一实现！如果得过且过，再好的机会也轮不到你，再有能力的人也帮不了你！

临渊羡鱼，不如退而结网！把持续学习放在首要位置，才能奠定你未来赚钱的能力。要做到节流开支，主要靠记账来去除不必要的开支，延迟满足自己的物质欲望，不要浪费每一分定投的资本。

读书这件事情到底有多重要呢？可以这么说，读书几乎可以解决一切问题！

查理·芒格说："我这一生当中，未曾见过不读书就智慧满满的人。没有，一个都没有。沃伦·巴菲特的阅读量之大可能会让你感到吃惊。我和他一样。我的孩子们打趣说我就是一本长着两条腿的书。"

网易的丁磊每天最常做的事情不是开会，而是阅读，这就是阅读的力量。

华为的任正非，在睡觉前、飞机旅途中等一切空闲时间都在阅读。任正非从不混圈子，也从不参加行业会议，靠书本的知识一点点把华为做得那么大，还那么踏实，这就是阅读的力量。

海底捞的创始人张勇通过几个月泡在图书馆里读书，才有了后来的海底捞，他也从不混圈子，不参加任何"行业吹牛会"，市值超过 2000 亿元的海底捞的成长也来源于书本上的知识。

对于炒股这件事情，你天天忙着盯盘，看似很忙，其实都是瞎忙，短线进进出出，10 年、20 年还是亏钱。如果你早点阅读，就会早点知道长期持有价值股可以赚那么多，还那么轻松，这就是阅读带给你的价值。因为只有读书才能从根本上真正解决大家股市亏钱的问题。

学习价值投资并不复杂，认真读几本公认的好书，足以掌握这方面的知识。投资表面上是认知博弈，本质上是人性博弈。这些年投资给我带来的最大改变就是让我懂得慢下来，懂得不去埋怨别人而是改变自己。只有敢于承担，才能成长，这个世界上除了我们自己，没人能为我们的金钱和决策负责。投资这件事情一定要宠辱不惊，涨了不要信心膨胀，为自己保留一份敬畏之心，跌了也不要失去信心。其实下跌不难熬，难熬的是心里没底，所以投资这件事，永远不要把你的希望寄托在别人的情绪上。

放弃靠运气赚钱，我们慢慢变富会很幸福、很踏实！

如果你投资了一个东西，每天提心吊胆、纠结万分，忍受着生活的痛苦，其实是得不偿失的！

其实要想在投资上取得成功，个人应该具备的特征在于两个方面，一个方面是性格，另一个方面是思维方式。要想在众多竞争者中取得领先，就必须依靠正确的但又是非共识性的分析。简单来说，第二层次思维就是一种与众不同并且更好的思维，也可以说是一种逆向投资思维。第一层次思维只对事物的关系进行简单的推理；而第二层次思维是多维度的，除了事物的表面关系，还要考虑许多东西。所以你必须保证自己在投资的时候，不仅知道自己的想法是否和大众相反，还要知道自己的分析逻辑是否站得住脚、大众的看法错在哪里、市场是不是有过度反应的情绪。只有这样才能提高分析的准确率，也有助于克服从众的强大心理压力，坚持自己的观点。

　　巴菲特和比尔·盖茨都非常专注，几十年只做了一件自己一生追求的事情，他们一个人做价值投资，另一个人做软件。要保持自己的专注度，就一定要认清自己的不足，这样哪怕别人做得再出色，赚再多钱，你也一定不会因为受到诱惑而跑去做别人做的事情。我们普通人恰恰相反，经常认为自己什么都懂、什么都可以做，结果一事无成！很多人在做股票的时候真的就是这样，丢了西瓜捡了芝麻，三心二意，投资的股票几天不涨就想换一只。所以我建议大家重新认识自己，从几个你所谓的擅长的事情里面，挑出又感兴趣又擅长的事情，集中所有力量去做，最后你就能成就非凡的业绩，而且别人无法和你竞争。

　　我们进入这个市场，就要端正好态度，不要投机，要寻找价值股、做正确的价值投资，定投指数基金也属于价值投资。等到牛市来临的时候，我们把现在的筹码都抛给"想暴富"的人，我们只赚属于自己的稳妥的"小钱"，坦然、开心、快乐地生活！

　　如果你花费了很多很多精力，甚至失去了基本的生活质量，也还是难得超越一次指数收益，那么请老老实实地买指数基金，把时间和精力还给生活和工作，你的生活会更美好。在大量的事实数据面前，你应该低下高昂的头，承认自己的不足，承认自己是一个平凡的人，这样才能从资本市场轻松获取收益，成为那10%的盈利的人。从历史来看，人类从未被"危机"灭掉，每次都能够走出"危机"，并且越来越好，所以指数长期向好几乎是100%的事情，这也是长期来看投资指数一定会赚钱的道理！

　　犯错误是不可避免的，但待在能力圈内以及专注和用功可以大幅度减少犯错的机会。

已经实现财务自由的人不要再想着去"发财"了，你要守住的底线是不被骗，这样你此生就无忧了。人生中的很多学费是必定要交的，所以你们也不必耿耿于怀曾经在股市上亏损了多少，那是必须要走过的路和必须要交的学费，某种意义上这也是一种投资，所以不必再懊恼了。可悲的是，有的人交了那么多"学费"还没有学会应该走哪条道路，还是一条路走到黑。

著名经济学家凯恩斯曾经说过一句话："我宁愿模糊的正确，也不要精确的错误。"一般人在面对利益时往往会失去基本的判断能力，哪怕学历很高，地位很高，平时聪明绝顶，在股市里面也会犯错。他们对下跌的股票总是视而不见，对上涨的股票总是趋之若鹜，最后导致的结果是总站在高高的山岗上！做投资一定要守住自己的能力圈，如果什么钱都想赚，那么只会导致竹篮打水一场空。我们大部分人在资本市场中总是觉得自己比别人聪明、自己能够赚到最后一个铜板，结果总是偷鸡不成蚀把米。

如果你能在利益面前保持清醒的头脑，情绪不受 K 线控制，那么股市就是你的"取款机"，否则就是你的"存款机"。市场越是疯狂的时候，你越要冷静，如果错过了这个机会，我们就等待下一个机会，不要去追高买入，这个时候最好的办法是继续寻找还没有涨起来的品种，继续低吸买入。价格围绕价值波动，只要你相信这个常识，并且落实到行动上去，你的情绪就不会被市场所左右。

我们一定要未雨绸缪，提前准备好赚钱的能力。哪怕你现在衣食无忧，当"黑天鹅事件"发生时，也要让自己的生活过得很从容，甚至在"危机"中受益，增强反脆弱性。不要时时刻刻想着一夜暴富，永远记住，任何收获一定都是由提前"播种"而得到的。投资理念的转变比什么都重要，而不是谁推荐一个"牛股"给我，我就发财了，真正的结局往往是灾难来临了。

至于股票什么时候能够涨起来，就要看市场的"脸色"了，我们没有能力预测，我们只知道迟早有一天市场会发现有些股票被低估了！而且这种越跌越买的信心会让你越买越兴奋，而不是恐惧，让做股票真正成为生活的一部分！

当你持有一只股票一两年仍旧亏损的时候，你可以想想，未来 1 年可能会赚到几年的钱，总体平均年化收益率仍然可以超越大部分人。股票不是存款，更不是债券，它每日的收益不是线性增加的。而你现在要做的就是对抗这种反人性的延迟满足的心态，而不是期望天天涨停板的"韭菜心理"。

不要抱怨，完善这个国家还不足的地方正是我们这代人的机遇，特大的机遇！那些生产消费升级产品的公司都将是未来的大牛股，站在时代的风口，我们要用大格局去看待时代，才能找准方向。

有了价值投资的稳稳的幸福，你的寿命也会越来越长，最终拼的不是业绩，而是长寿，因为时间对你最有利。

你如果要想活得久一点，也应该选择价值投资，因为它会让你安心、不焦虑。其实亏点钱是小事情，失去了健康的身体才是大事情。投资真的是一个长跑，最后拼的是寿命，当然过程快乐也很重要，价值投资就具备了过程快乐和结局美好这两个条件。

十点嫂说："面子都是我们自己给自己的压力，每个人都误以为自己是这个世界的中心，其实大家都在忙自己的事情，根本没有人注意我们。"

每天看书一定比每天看盘更有价值，甚至结局有着天壤之别。看书会让你越来越往正确的方向走，看盘会让你越来越往错误的方向跑，最后的差距是天与地的差距。解决当前你在股市亏损累累的状态的最简单方法，就是放弃每天打开股票软件的习惯，专注到其他事情上。

一个贵族需要几代人的培养，像投资一样，需要慢慢变好。留给子女多少财富都没有用，有用的是关于教育的理念，这是家族生生不息的法宝。家庭的一场重大变故，让我一夜明白了，读书才是改变自己命运的唯一出路。要像价值投资一样让家族慢慢变好，才能获得真正的幸福！

做人也好，做投资也好，远离"不诚信"，就会让你的生活一直快乐。但凡有不诚信记录的公司，你一定要远离它，尤其是已经被查出财务造假的公司，一定要第一时间卖出，越早卖出，你的损失会越小。这几年我越来越快速地远离那些不志同道合的人，给生活做减法，所以我过得越来越轻松。

做任何事情时，都不能有"恶"的念头，更不能去做恶事。下次当你听到什么消息时，自动屏蔽它，这会保你一生平安！只要你没有"恶"的念头，哪怕你遇到事情，也不会是什么大事情。

诚信，这是人类共同拥有的价值观，违背的人会承担责任。

一家人没有吃亏和占便宜之分，如果一定要区分吃亏和占便宜，那么就让家人多占便宜，从此你的人生一定精彩无比。一句话：家和万事兴！

要找价值观一致的爱人，要教育出价值观一致的孩子，自己的公司只招价值观一致的员工，只留下价值观一致的粉丝，只和价值观一致的合作伙伴合作，偶尔碰到价值观不一致的新的朋友就尽快远离。这个价值观就是诚信、本分和感恩。

人的一辈子重在选择，如果你的选择正确，那么即使慢慢走也很快；如果你的选择错误，那么即使奔跑也没有用，而且会适得其反！

在运气到来之前，我们能够做的就是努力提高自己的能力，储备知识、提高认知，这样机会就会闪现在我们眼前。而阅读是最好的知识储备方法，与过去和现在、国内和国外的所有"伟人"对话，能教会你很多知识。

《反脆弱》这本书只有一个主旨：一切都会从波动性中获得收益或遭受损失，反脆弱性就是波动性和不确定性带来的收益。就像蜡烛，它渴望风的吹拂；大风能吹灭蜡烛，但微风却能使火越烧越旺。

量力而行地消费才是幸福的生活。我提倡年轻人应该养成延迟满足的良好心态，趁年轻多存点"资产"（比如指数基金等），让越来越多的资产为你"工作"，未来的日子才会越过越好！

精选留言

海阔天空：
首先要感谢十点老师持之以恒的谆谆教诲，十点老师和芒叔的智慧精髓让我在学习中提高了自己的认知和能力。目前我周围的大多数朋友还是短线思维，看来教书容易育人难，十点老师任重而道远啊。我非常希望能够参与十点老师新书的出版工作，为老师的新书出版尽一份绵薄之力，在工作的过程中进一步提升自己的能力。让我们共同努力做正确的事情，把事情做正确。

十点：

你一定要报名！

Emily：

真的很感谢十点老师，我最开始看到这个公众号"拾个点"时，感觉这就是一个高抛低吸的猜测涨跌的号。可是关注了这个公众号一段时间后，我发觉原来不是那么回事。您从个案开始分析，从个例开始解读，让我慢慢了解了价值投资的魅力。我每天还用碎片时间反复听您的音频节目，体会到了市场越跌自己越兴奋的感觉。另外，我购买并阅读了您每次推荐的书籍，慢慢形成了自己的价值体系，现在同事在大盘下跌的时候来问我怎么办，我还能安慰他们、鼓励他们。这就是自己内心知识体系丰富完整所带来的充盈感，我会一直关注您，包括您的书籍以及您推荐的好书，感谢分享！

十点：

很棒！

轻舟已过万重山：

十点老师，你能写出这么好的文章，我猜你一定是亏损过很多钱、读过很多书，你对道的顿悟是难得一见的。股票的止损和人生的减法都是第一位的，君子不立于危墙之下！持续不断地读书学习，可以让我们变得更好，单纯强调读书的观点过于肤浅，读书的范围、目标、方法更为重要，读书时要有辩证思维，因为在一本书出版的时候，这本书其实已经"死了"，所以现在流行的做法是一生只写一本书，然后定期修订再版，建议十点老师在写好书之后，去掉一些静态的和绝对的东西，并加上第一版的字样，以后可以每1~2年再版。时代变化越来越快，我们必须不断地修正、改善、精进自己，不断地反思来时的心和路，才能不迷失方向。买股票和赌博的本质一样，因为信息不对称，更因为几乎没有能战胜人性的人，让巴菲特辉煌和毁灭的都是长寿，虽然巴菲特和芒格是这个世界上读书学习都比较多的人，但他们终究会毁灭于人性。所以，拿出储蓄的一定比例，持续不断地定投指数基金，是最简单、最有效的办法，有些人还想着买一点、卖一点，有这个想法就很危险，更别提暴富了。十点老师的智慧告诉我们，在正确的路上，应该做一只乌龟，一只幸福的乌龟。

十点：

感谢你的建议！

止于至善：

最近我看书的收获总结如下，从中我深刻体会到，长期主义真的是人生的一种正确选择。

1. 跌时不慌敢加仓。

2. 涨时不忙着抛售。

3. 做投资，"躺着"要比"反复横跳"难多了，我们常说做什么不难，不做什么才难。长期投资是逆人性的，而反复买卖交易才是顺人性的。

4. 股神巴菲特说过一句经典的话："预测股票短期的涨跌，那是愚蠢的行为！只有两个人知道明天股票的涨跌情况：一个人是上帝，另一个人是骗子！"本人认为，对于高景气行业中业绩持续高成长的优秀企业，没有必要去预测短期的涨跌！最好的投资方法就是在市场绝望时逢低买入高景气行业之中高成长的优秀企业，其他的事情就交给时间！在股市中，战略眼光＋良好的心态＝成功！

5. 保持空仓，等待机会。

6. 不去看大盘、不相信技术分析、不去做预测（三不主义）。

7. 公司未来可期比过去辉煌更重要。

8. 价值投资卖出三原则：基本面变坏、价格太高、发现了更好的投资机会。如果上述三点都没触碰到，你就不应该思考"如何卖掉"的问题。

9. 牛市赚钱，熊市赚股。

10. 好企业、好价格、长期持有。

11. 不要总想着在伐木场的工人中间找到未来的著名影星哈里森·福特。

12. 正确看待股市、投资、自己（对应苏格拉底之问：我是谁、我从哪里来、我将到哪里去）。

我非常期待能参与十点老师的新书编辑整理，我是一位刚出校门、信奉价值投资理念生活的"95后"老师，现在靠当老师赚的工资投资，希望以后能用靠投资赚到的钱反哺教育，实现投资收益的价值。

Rakki-:

感谢十点兄的无私分享，通过不断地努力学习，我的价值投资思维慢慢的越来越清晰了，我越来越清楚自己在做什么、为什么这么做，我持有的低估值的优秀公司的股票，现在股价的波动对我的影响越来越小了。其中一只价值股由 10% 的盈利变成负收益了，但是我更开心了，因为我又可以多买几百股便宜货，我决定每月买进几百股，以定投基金的方式不断买进，陪企业慢慢成长。虽然我在投资思维上进步不小，但是还有很多知识需要我不断学习，今后我将继续努力看书学习，再次感谢十点！相信多年后我一定是赢家。

第三章

创业——我和闯货

毕业 3 年赚到人生的第一个 100 万元

其实我一直很想和大家聊聊创业的话题，说实话我也是一个连续创业者，投资也是创业之后的事情了，其实我的第一桶金和所有人一样，是依靠创业获得的（**我通过创业赚到了 50 万元，投资又碰上牛市翻了一番，在大学毕业 3 年后获得了人生的第一个 100 万元**）。我从大学二年级开始创业，一直到现在，已经整整 20 年了。所以对于创业我还是比较有发言权的，我也带出了上百人的核心团队，他们都做得很不错。这大概是我第一次和大家聊我自己吧。我本节想表述的是，**我们任何的创业都是要解决一个社会问题，你解决得越完美，创业的机会就越大。**比如，iPhone 解决了手机功能复杂和操作复杂的矛盾，造就了苹果公司万亿美元的生意。微软用 Windows 的图形界面解决了个人电脑操作复杂的问题，造就了 PC 机时代的到来，也是上万亿美元的生意。这些都是大公司，那我们普通人就没有机会了吗？不是的，现代的中国有很多社会问题亟待解决！**我们从身边开始，用心去感受这些社会问题，不抱怨、不仇视，反而把它们视作创业机会，慢慢我们会发现身边商机无限。**

我现在都会把自己发现的一些身边的小的社会问题，给一些朋友做创业方向的参考。真的好多好多，比如，你家附近让你不方便的东西、让你苦恼的事情，都是商业机会。从一件小事做起，专注地去做，做到极致，慢慢会变成大商机。当年滴滴只是做了一件帮助你通过手机 App 方便打车的小事，现在滴滴变成了价值几百亿美元的大公司。当年的腾讯只是为了解决网络上通信的问题，最后腾讯变成了价值几千亿美元的大公司。阿里巴巴为了解决国际贸易信息展现的问题，做了中国黄页的升级版，最后也变成了如今的巨无霸。

从 2020 年开始，我开始做"十点好货"（后来更名为"闯货"），一开始就是为了解决自己网购过程中的烦恼，我没有抱怨，也没有厌恨谁，更不会迁怒于目前已有的电商平台，我认为他们为中国电子商务做出了巨大的贡献，应该感谢他们。而目前存在的问题，也是他们这一代人解决不了的，所以需要我们这一代人接棒解决这些问题。**我清楚自己的能力，所以我先帮助我自己的粉丝，从货源到体验，做全方位的解决方案，只要不亏钱，我就能坚持。**所以我给"闯货"的定位是：**好市多的选货模式 + 海底捞的服务模式，通俗地理解就是好货 + 深度服务。**节约一切运营成本，只要不影响货的质量和服务质量，能省则省，比如，我们不请专业摄影师，我们不招营销策划的人，不做任何促销，让购物变得更简单，我们不过度包装，我们用延长发货时间来保持零库存，降低损耗，等等，背后做了大量为客户省钱的事情。

精选留言

平川：

我自从跟着十点老师做价值投资以来，大半个月才看一眼股市，看看全部飘红的盈利率，但每天十点必看十点老师的文章，这已经成为一种习惯了。不炒短线后，我的心态变平和了，不用每日盯盘，不用揪心焦虑，省出心情和时间去带娃、看书、学习、写作，很快乐，人生遇一良师足矣。

十点：

我最快乐的事是看到你的留言，我真心希望我的每个粉丝都能这样。

Andy Rui：

我非常认同十点老师的观点。我好像长你两岁。你在大二时就开始创业，真的很牛。我在大二时还在"做梦"，没有努力的方向。

十点：

其实我在高中时就想明白了自己要走什么路，这方面我确实早熟。

露：

我对你写的那段创业的故事产生了共鸣，我也曾这么理解，但人就是这样，有着稳定工作的时候，很难踏出创业这一步。

少一分套路，多一分美好

我做闯货的一个核心理念是：一定不要忘记初心，要为消费者把控好商品。但是后来我找货时发现，只要是人生产的商品，就不可避免地会有瑕疵，无法完全做到令人 100% 满意。但是，我做闯货的决心就是要让每一单交易都是令人满意的，那怎么办呢？答案只有一个：加强服务，第一时间处理消费者遇到的问题，而且要快速、让消费者满意地处理！怎么解决这个问题呢？一线的服务人员如果不请示就自行退换货会不会存在巨大的财务漏洞呢？这些都是一开始我们比较担心的。后来我慢慢学习和研究，发现了海底捞的服务理念。海底捞的一线服务人员的权限非常大，可以任意减免单。但是，如果你去问海底捞的服务人员有没有这项权限，他们会明确告诉你"没有"！为什么？因为他们也怕客人有意刁难，要求服务人员免单，所以他们的这个权限是藏在心里的，他们要在必要的时候迅速做出反应，让客人满意。那么什么叫必要的时候呢？比如，真正是因为海底捞的问题，让客人不满意了，海底捞的服务员不用任何请示，可以直接减免单，甚至送礼道歉。只要不是为了私心，而是为了客人满意，他们的行为在公司不但不会被批评，而且还会被大加赞赏！那么海底捞如何做到不被服务员钻空子、谋私利呢？答案就是：企业文化！

我从海底捞的服务研究出来适合闯货的核心理念，如获至宝。严格、专注的选货理念＋海底捞的服务理念，完全可以让消费者拥有一个完美的购物体验。那么要筛选出来这些符合闯货的服务理念的人，必须在入口层层把关，不合格的人不能进入闯货。因为闯货的"管家"权利也很大，在必要的情况下，他们可以为用户做一切事情，哪怕公司付出很高的代价，而且这一切行为不需要任何请示，管家可以立即做出反应！所以我们必须选好人、选对人，为此我设置了几道关口。

第一，从招聘关就筛选掉大部分不符合闯货核心价值观的人。所以闯货招聘时的面试题目很有自己的特色，标准答案五花八门，但是方向只有一个：他的回答是否站在用户的角度。

第二，刚进入闯货的人要全部进入到"闯货大学"进行为期一个月的脱产培训，培训内容都是与核心理念相关的案例剖析。这些案例告诉"闯货大学"的学员，哪些事情是闯货提倡的，哪些事情是闯货明令禁止的。大约一个月的时间后，这些人会非常明确闯货的服务理念。

我们的管家已经把闯货的服务理念践行到骨髓里面去了，细心细致的工作精神是必备的。用户的一个点赞也要记在心里，有合适的产品可以让用户第一时间知道，这种私发不是骚扰，更不是营销，而是一种用心服务。另外，为了让用户满意，即使是自己平台没有的商品，也要帮用户去别的平台下单送过去，在金额不大的情况下，完全赠送。这些不是为了讨好用户，而是在践行我们的使命：让买卖更简单！我们要让用户体会到，买东西这种事情可以完全没有任何负担和后顾之忧，从而希望每个用户都能过上美好生活！

我曾经告诉管家："你们要把用户当作自己的亲人一样对待，

如果用户今天有急事不方便照顾孩子，你可以放下工作去帮忙照顾孩子，公司照样给你发工资，而且还要奖励你，因为你真的把用户放在心里了"。当然，这个案例极端了一点，但是我要宣扬的是一种心贴心的服务理念，真正一切以用户为中心。如果我们发自内心地做好了这一切，又能保持初心选好货，加上合适的零售利润，那么用户永远不会离开我们。

闯货服务围绕的核心是：一切有利于增强用户信任度的事情都值得提倡，哪怕是放下工作帮用户照顾孩子，哪怕是做明显亏钱的买卖，这些都值得做；一切有损于用户信任度的事情都要禁止，比如承诺了却做不到的事情、夸大宣传商品、不告知用户商品的缺陷等。

比如，闯货在卖的羊毛大衣，质量确实很好，材质也很好，价格也很实惠。但是我们的某位管家夸大宣传说"这件羊毛大衣和大牌专柜的一件 2 万元的衣服一模一样"，这句话来源于工厂人员的视频采访内容，但是我们认为这是夸大宣传，因为一件 500 元的衣服和一件 2 万元的衣服一模一样的概率比较小，真正的大品牌的品控还是非常严格的，多一根线头都不行。虽然是同一个工厂加工的，但我相信工厂的品控和品牌方的品控不是一个层次。当然，对我们一般普通消费者来说，花 500 元买到这样的一件羊毛大衣肯定是很划算的，但是也不能夸大宣传、诱导消费者下单，这在闯货是绝对不允许的。因为这会导致高端消费者下单，但是收到货发现不符合预期而退换，增加闯货的运营成本，给客户造成麻烦，不利于平台长期信任度的积累。所以后来我们专门开会禁止了这样的宣传。以后有类似夸大宣传的事情，我希望用户们到我这里来举报，我们一定改正，让闯货越来越真实，让买卖越来越简单，让用户的所见所闻都是真实的。

回到选人的话题上，就因为闯货选了一批对的人做管家，所以尽管他们拥有最高的权力，也无一人滥用。这样做的好处就是管家的售后服务都做得很及时，售后服务人员几乎"秒回"用户的处理方案，给大家减少了很多购物的烦恼，也不再怕商品遇到问题了。甚至有时候真的遇到问题，还会让用户得到惊喜。当然，本质上我们每个人都希望买到的每件商品都是满意的，但是如果不满意一定记得理直气壮地找管家处理，这也是我们让用户必须至少加一个管家的微信的原因，而且如果管家的服务不好，你也可以随意更换管家，我们会一直负责。哪怕是用户买了很久的商品出现了问题，管家也会帮用户解决烦恼。在闯货买东西不用担心发票弄丢无法售后，也不用担心过了保质期没有人负责，只要是闯货卖出去的东西，闯货会负责到底！当然，前提是合理的售后问题，像上次那个被我们"拉黑"的用户，因为怀了二胎把之前所有买过的衣服都退给我们，我们肯定是拒绝的。而且针对做出这种行为的人，闯货会毫不手软，坚决"拉黑"，我们也不怕他去打官司，无论如何也是我们占理。因为我们和用户都不想失去来之不易的"购物天堂"，我们大家都会保护闯货的生存！

闯货永远不做营销套路，永远也不诱导消费，只为大家的美好生活服务，买有必要的生活用品。所以我们肯定没有什么促销活动和各种优惠券，更没有"双 11 活动"，这是因为我们所有的商品都是实惠的价格。或者说，我们没有"双 11 活动"，是因为我们每天都有"活动"，而且还比"双 11 活动"便宜很多。比如洗地机，我们日常销售价格是 2599 元，而其他电商"双 11 活动"的价格是 2990 元，这还是各种优惠券叠加计算后所得的价格。有一次我们好不容易拿到了 100 台现货，只用了 40 秒就全被抢光了，这不是我们"饥饿营销"的套路，而且我们真的尽力了，就是因为"双 11 活动"的爆发销售，工厂无法正常供货，之前工厂每次能给我们 500 台现货，这次我们的人守了几天，交了 150 台的定金，最后工厂只给了我们 100 台现货。

我和大家说过："闯货的商品如果降价了，那只有一个理由，就是供应商成本降低了，给我们的价格降低了，我们就降价，因为我们永远是成本定价，不赚暴利。然后，我们为了降低销售价格，减少中间的库存损耗，大部分商品都是延迟发货。因为我们认为，客户晚几天收到商品，可以在保持品质不变的情况下降低 20% ~ 50% 的零售价格，何乐而不为呢！"所以大家要习惯我们的慢发货，这都是为了节约成本，从而降低价格。另外，闯货还实行简化包装降低成本，比如，蚕丝被，用一个 5 元的纸箱，至少降低了 30 ~ 50 元的包装成本。这些都是因为信任产生的成本节约，原本几千元的商品用几元的纸箱包装，如果你在其他平台购买，肯定不相信这是好货，而在闯货这里购买，你就会相信这是好货，因为我们一直在为信任添砖加瓦。因为信任，所以简单；因为信任，所以美好！让我们为构建"信任家园"共同努力，一起走向美好的明天！

又一个"闯货管家"财务自由了

我有一次和几个"闯货管家"吃饭，席间聊到其中一位管家已经在芒叔的基金里面投了 100 万元，我很惊讶，真的替他感到高兴。5 年前，他还徘徊在财务崩溃的边缘，做生意亏损累累，每天都和老婆吵架，可以说是事业、家庭都一败涂地。连亲戚都看不起他，每年过年聚会，家里的长辈们都要"教训"他，让他好好工作。表姐表妹表哥表弟都做着公务员、国企、事业单位、医院、老师等人人羡慕的好工作，而他却每天到处"游荡"，一身债务。

5 年后，他有份不错的稳定工作，还存下了 100 万元的基金，2020 年他的非工作收入超过了 40 万元，远超工作收入，这就是财务自由了。而这几年，他的表姐表妹表哥表弟都来找他聊天，纷纷表示很羡慕他，希望他教教他们，一个一个叹"苦经"，说自己上班如何辛苦，没有出头之日。舅舅伯伯这些长辈有什么大事也都来请教他，征求他的意见，再也没有了"教训"他的口吻。

你们说，这种改变仅仅是多赚了些钱的差距吗？那是人生的两种境界，5 年前他苦不堪言，5 年后他备受瞩目。被人肯定、视为榜样的感觉，真的不仅仅是钱多或少的事情，我相信只有体会过人间冷暖的粉丝才会真正理解这种味道！而这一切的改变并不是因为他变聪明了，也不是因为他更努力了，而是源自一个信任。5 年前他在朋友的介绍下来到了十点这里，开始帮十点做点杂事。3 年前他相信了十点给他提的建议，存下每月的大部分工资，开始定投指数基金，然后把所有的精力都放到本职工作上，做得越来越出色，随着闯货的快速发展，他的月收入也水涨船高。后来，他的妻子也来到了闯货做管家，夫妻二人省吃俭用，存了 3 年钱，父母也提供了一些钱，筹够了 100 万元后，夫妻二人买了一份芒叔的基金。现在夫妻二人依然把大部分收入存下来，小部分收入用来生活，过得简单和幸福。关键是夫妻二人对未来充满希望，每天精神饱满，非常有奔头。

我还帮他们夫妻二人算了一下，真的可以让人热血沸腾。按照每年的年化收益率为 15% 来计算，把 100 万元存 25 年（他现在 35 岁，60 岁退休），资产大概会变为多少呢（如图 3-1 所示)?

图 3-1 把 100 万元存 25 年的最终收益

按照年化收益率为 15% 来计算，25 年后总资产可以达到将近 3300 万元，如果从第 26 年开始用这部分投资的钱生活，每年只花费投资收益，那么每年可以花费 3300 万元 × 15%=495 万元，合计每月要花掉 41 万多元，任务艰巨！也就是说，他们的退休工资是每月 41 万元。何况每月花费不完的钱还是存在基金里面"复利增长"，再过 5 年，增长后的数字更加夸张了（如图 3-2 所示）。

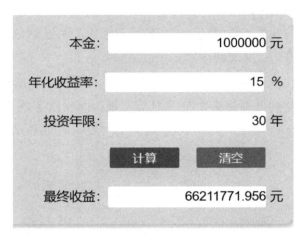

图 3-2　把 100 万元存 30 年的最终收益

5 年后这些钱竟然又翻了一番，而且你什么也不用做，这就是复利的"恐怖"之处。再过 5 年，这些钱又会继续翻番。

假如你在 25 岁时拥有 100 万元，每年的年化收益率为 15%，到退休的时候你就会拥有超过 1.33 亿元的资产（如图 3-3 所示）。

每年的年化收益率为 15%，我们的预期还是比较合理的。当然，不是每个人都能找到并拥有这样的机会，我们都很幸运，拥有芒叔这个"宝贝"，而且他足够年轻，可以和我们一起慢慢变老。所以我们开玩笑说，大家的财富取决于芒叔的寿命，所以我们有必要一起凑点钱来请保镖保护芒叔，更不能让他骑这个"肉包铁"的电瓶车了，风险太大。一群志同道合的人在一起就是这么快乐！我们这群人都已经坚定地相信自己这辈子不会缺钱，应该说只要子子孙孙不做"傻事"，他们也不会缺钱。我们可以为爱好而工作，为理性而奋斗。对于你来说，财务自由不代表不再工作，而是代表你不用再为"一斗米"而弯腰。

图 3-3 把 100 万元存 35 年的最终收益

这里我要纠正一点，不是说你存下 100 万元后就可以不再工作，然后等待退休领"巨额"退休金。财务自由后正确的活法是找到你喜欢的职业方向，用长线思维去做一件有意义而快乐的事情，然后就会惊喜不断，继续给你的生活增添快乐，寿命自然而然会更长久，享受"时间"给你带来的富裕生活，而不是辛苦劳作、勉强度日。还有一点就是，能够存下 100 万元的人，多半已经找到了赚钱的方法，所以当他存下 100 万元后，接下来他的赚钱能力会越来越强，由于不需要存更多的钱，手头自然越来越宽裕，生活也会越过越滋润。此外，如果你购买闯货的商品，既省钱，购物过程又快乐，岂不是到达了人生巅峰？只要你相信十点，未来你就会迈向美好生活！我都已经给你们规划好了基本路径：努力工作，提高赚现金的能力；在闯货购买性价比高的生活用品，在不降低生活标准的同时省下大量生活费；多赚的钱和省下的钱都用来定投指数基金；通过定投指数基金来强制存款和适当增值，大概 10 年后你就会拥有 100 万元的资产；继续定投或者找到更好、收益率更高的私募基金，每年投资收益超越工作收入；找到喜欢的事，有宽裕的经济条件、良好的心态、和睦的家庭、快乐的工作，这就是人生巅峰！这一切源自现在点点滴滴的改变，如果一切不改变，你只能保持现状、艰难生活！持续学习是改变的基础，因为只有提高了认知才能坚定地选择一条正确的投资道路！

精选留言

RF20：

十点老师可能是世界上最深谙复利的人了，每天掏心掏肺地为我们解释。但知道和做到是两码事，希望更多的人明白这其中的区别，并知行合一，努力践行。也许我们拿不到 3300 万元，但拿到 1000 万元还是大概率事件吧。

十点：

说得很好！

葵：

十点老师，我想请教您一个问题，我现在有 20 万元，是一次性买入指数基金并持有 20 年比较好，还是分批买入比较好？如果分批买入比较好，那么应该分几批买入呢？分批买入后持有多久卖出呢？

十点：

现阶段分批定投，不要一次性投入。每一批的投入额不要超过你一个月的收入。

方志成：

戴维斯是从 38 岁才开始从事投资的，这也意味着在股票投资方面，任何时候起步其实都不算晚。还有一个经验和事实，我要着重讲一讲，戴维斯早期也不知道应该持有哪只股票，于是也是天女散花式地持有股票，最多时持有 100 多只股票。但是最后算下来，其主要利润其实就来自于几只股票，最关键的是，这几只股票是他从来没有卖过的，只买不卖。所以，投资是一辈子的事，比如在 1970—1974 年的熊市中，他的身家从 5000 万美元跌到 2000 万美元，亏损率为 60%，但他一直没有卖出。

十点：

感谢分享！！

一辈子只做具有长期价值的事情

不论你年长年幼，不论你地位高低，尤其对于年轻人来说，如果你能理解本节的核心内容，那么此生你必定有大的成就。废话不多说，我们直入主题：**人，一辈子应该只做具有长期价值的事情。**

怎么理解这句话呢？这句话的意思是，如果一辈子只做具有长期价值的事情，那么你的人生"内核"会越来越坚硬！对做股票的人来讲，就会更容易理解，就是只做长线价值投资，而不是做短线投机。要是随便买只股票，然后长期持有，这同样是一件短期行为的事情。你应该用5~10年去研究一个行业、一家公司，然后把该想到的问题都想到，每天的学习都是为这件长期的事情增加价值。再苦等几年，找到一个买点后买入，最后再耐心持有。而且也只有这样才拿得住真正的"牛股"，因为你几乎都已经考虑到了大部分的问题，所以根本不会理会短期的波动，从而做到胜似闲庭信步，更不会频繁进进出出，被市场的波动所左右。

我们每天做的事情都应以提升自身的长期价值为核心，凡是不利于提升长期价值的事情，哪怕短期利益的诱惑再大，我们也要敢于拒绝，这样随着时间的推移，相信时间带来的复利会非常强大。做股票也好，做事情也好，做人也好，如果我们坚持每天前进一小步，哪怕有一天退步，也只是退一小步，那么若干年后，你会发现身边已经没有对手了，你已经遥遥领先于所有人。

而不要每天都想着"一步登天"，最后摔得鼻青脸肿，甚至一蹶不振，永远不能翻身。

我非常崇尚段永平先生的本分文化，他已经影响了很多人，很多人依靠着他的本分文化都做出了踏踏实实的大公司，比如OPPO、vivo、拼多多、步步高等。你们可以去了解一下，凡是和这些主导本分文化的企业合作的人，都感到快乐而踏实。无独有偶，巴菲特先生其实也倡导本分文化，做自己能力圈范围内的事情，只做正确的事情，把事情做正确。**巴菲特和段永平先生都是坚持常识的力量，而不去创造奇迹和等待奇迹的人。**我相信价格始终会围绕价值波动，只要你的价值提升了，最终市场都会认可你的价格提升。这个常识让你做任何事情都会内心平静，安心于增加所做事情的内生价值，完全可以不在意资本市场的价格波动。

我们个人在若干年后要想有大的财务改善，就不要期待明天中大奖，也不要期待明天买到一只大牛股，而是应该踏踏实实地改变自己的行为，从原本的买"费用"转变为买"资产"。这怎么理解呢？所谓买"费用"就是，把你购买的东西放在那里，它是不是消耗你的现金呢？比如，汽车，在你钱还不多的时候，买辆车就会增加你每月的开支，若干年后汽车会报废，一文不值。如果你买了房子，按照国内房价这些年的涨幅，房子可以算是资产，因为它会增值，也可以获得租金，所以这个算买"资产"。如果你买了指数基金，它平时不会消耗你的任何费用，每年给你带来稳定回报，这就是很好的资产。如果你拥有越来越多这样的资产，那么你未来就会拥有越来越多的被动收益。而如果你花费的费用越来越多，那么你的现金流就会越来越紧张，一旦资不抵债，你就会破产，生活一团糟。

我们创业的时候也一样，平时要努力提升企业经营的护城河，用时间和投入换一些能够让企业产生利润的资产，那么随着时间的流逝，企业的护城河就会越来越深，时间越久，对你越有利，时间就真正是你的朋友了。只要增加资产的方向正确，哪怕你投入的时候走了一些弯路，只是回本周期长了一点，对企业长期价值都是有利的。资产其实还包括人力资产，人其实是最有价值的资产。创业的时候我们称之为团队，如果你有了很好的团队，那么这个团队资产可以给你创造无限大的利润。比如，**我们现在的闯货团队，当前已经超过了 300 人的规模，都是一群志同道合的人，也都崇尚本分文化，诚信做事，踏实做人。**不是志同道合的人都已经离开了，因为他们无法忍受这么慢的发展和这么烦琐的工作。同时我们又结交了几百万志同道合的粉丝客户，我们大家在一起可以做出很大的事情。这件事情根本不需要刻意去做，我叫它"胸无大志"，珍惜和爱护信任你的每一个粉丝和每一个管家，那么事情自然会朝着一个方向前进，而且越前进越快。我们毫不怀疑，闯货会是 10 年后的中国电商的主要力量！

慢就是快，相信复利的力量。我们闯货团队没有任何的 KPI 考核，如果一定要考核，那就是用户的满意度，只要有一单用户不满意的交易，管家都必须去解决，否则一定会被狠狠惩罚，严重者会被除名。这个严重者基本是触碰了"红线"，比如，欺骗用户、欺骗合作商、欺骗同事、受贿、行贿等。一旦发现有这样的事情发生，我们绝不手软，让其他人看到，这不仅仅是说说，而是动真格的，那么其他人要么会改正，要么会离开，最后团队留下的都是好人，自然能够做好事情。这是我们崇尚的本分文化的基本要求，本分的意思就是不越界、可以吃点亏，本分变成企业文化后，是非常强的核心竞争力。在对待用户、合作商、同事、政府等所有与我们打交道的人时，我们在各方面都本本分分，那些短期的投机机会自然会被过滤掉，有长期价值的机会自然会沉淀下来。而且如果真正获得了各方面人群的信任，那么这个信任会降低各种沟通成本，也会带来更多显而易见的机会，从而又增加了企业的长期价值，也增加了个人的长期价值。

当你本本分分的时候，会隔绝外力，回归初心，专注于做好自己应该做的事情，不会去做占别人便宜的短期行为，即使你有这个机会，也不会去做。出现问题，首先从自身去找原因，而不是一出问题就推卸责任。我们闯货在定价的过程中就是用本分文化做最高指示，我们不太会去关注市场价是多少，因为我们相信只要我们找到足够便宜的源头的工厂，然后加上合理的零售利润，最后的定价一定不会高。因为我们的各个环节都严控运营成本，加上优质的商品品质，同等品质的情况下，我们绝对有自信做到价廉物美。否则如果天天和别人打价格战，失败后只能偷工减料，假冒伪劣。而我们做到了定价的本分，不赚暴利，严控运营成本，不做任何营销套路，实事求是，简单卖货。最后我们发现，市场上的价格都会比我们高很多，即使是"双 11 活动"的价格，也比我们高出三分之一以上。这就是本分文化的力量。

最后一点，我们在追求本分文化的同时，其实也在诠释成绩都是在前进的道路上一步一步积累的道理，没有哪一步可以替换和跨越。创业也好，做价值投资也好，都是积累知识，用一点一滴的反复"斗争"解决一个一个的问题。所以没有什么关键性的时刻，不要相信奇迹的发生，如果你硬要说是奇迹，那么奇迹也是量变到质变的过程。用这样的思路做事，你就不会想着一步登天，不会想着暴富，而是一直想着脚踏实地走好每一步！这样的人生不会有意外，只会越过越好！本节值得大家多读几遍，拾个点喜马拉雅频道也会同步播音，你再听几遍，这是100年都不会改变的真理！我非常希望本节能够对各位有所启发，改变你的人生路！

精选留言

善超：

我对十点老师的信任就是由这一天天的本分积累而来的。

十点：

你的这句话说到了关键，我这里的粉丝都是由一天一天的信任积累到今天的完全信任，我们只有珍惜别人的信任，才会赢得更多更深的信任，绝不能利用别人的信任做有损于他人利益的事情，这也是长期价值！

水户洋平：

"所以没有什么关键性的时刻，不要相信奇迹的发生，如果你硬要说是奇迹，那么奇迹也是量变到质变的过程"。短期的投机可以让你获得一些利益，但是长期去提升自己才是关键，否则投机得到的收益终究会吐回去。好文章，值得细品。

简单阿罗：

永远支持十点老师引领我们走向正确的价值投资路，树立正确的人生观。

不求安逸的 π：

老师好，我发现不同仓位的人在看老师的文章时，看到的重点都不一样，我看到的是"一动都不要动"，我的室友看到的是"买入指数"，他因为是半仓，所以心痒手痒，一早又去追高了。

十点：

我们的大部分粉丝在底部已经翻倍加投了很多，手上都已经有了不少筹码，千万不要涨了一点就想跑，吃够行情，拿稳了，因为接下来市场也会激烈震荡！

花岗岩：

一个人最大的资源就是诚信、本分。

十点：

要像信仰宗教般信仰这两点，人生绝不会差到哪里！

第四章

美好生活

吃亏就是占便宜

本节不谈股市，而是和大家谈谈心，大家有没有感觉随着年龄的增长，自己越来越没有那么争强好胜了？反正我个人的变化很大，我年轻的时候也会和别人争得面红耳赤，也会嫉妒，也会怨恨，总之，你们做过的事情，我肯定也做过。但是随着年龄越来越大，我发现，那些所谓的"吃亏"和"占便宜"已经不重要了。重要的是自己想要过什么样的生活、自己想要和什么样的人做朋友、自己想要做什么样的事情。我认为我的最大变化源自两个人，**第一个人就是我读高一时的政治老师**，他的一句话，让我的心胸瞬间开阔了。这也是他母亲教育他的一句话："**吃亏就是占便宜**。"

很多时候我们总是不想吃亏，投资也好，与人相处也好，我们总是希望自己能够占上风。投资的时候，我们希望买在最低点，卖在最高点，可实际呢？为了达到这个目的，我们反而会连续十几年亏损，亏损了很多钱，真的是吃了大亏；与人相处的时候，我们希望自己的每一句话都占优势，结果闹得人际关系很紧张，自己也不开心。**怎么理解"吃亏就是占便宜"呢？极端地讲，如果一个人指着你的鼻子骂你，你能做到不还口、不还手**

吗？如果你做到了，其实是占了最大的便宜。

为什么这么说呢？有些朋友肯定认为这样很窝囊，其实不然。首先，不用劳驾你，迟早会有人去管教这个骂你的人，即使没有人去管教他，国家的法律也会管教他。其次，如果你冲动地打伤了别人，既要吃官司又要赔钱，那时你肯定会觉得不应该还手；如果别人打伤了你，甚至重伤了你，那你就更吃亏了。再次，假如你还口，他肯定会骂得更狠，导致你受到更大的伤害；如果你不还口，很快那人就会偃旗息鼓，试想谁愿意对着一块石头骂很久呢？所以**面对这种事情最好的处理方法就是走开，远离这个人！你也会很快从刚才的愤怒中恢复过来，把自己受伤害的程度降到最低。**

自从我知道了这句话后，每次愤怒时我都这样告诉自己："吃亏就是占便宜！"同时也减少了我的很多烦恼，改善了我的人际关系，我不再因为别人的一句言辞而闷闷不乐很久。

改变我的**第二个人就是十点嫂**，她的格局和大度，是我遇到的人里面屈指可数的。从小学到大学，再到工作岗位，她始终能够保持良好的人际关系。我总结过她的优点，她从不用心计去与人交往，而是带着真诚，她的话不多，但是她的每一句话都发自她的内心，也就是我们常说的不虚伪、真实。此外，她与每个人都自然地保持距离，这个"自然"很重要，不要刻意，刻意保持距离就是有心机，应该没有人会喜欢有心机的人。

十点嫂从不议论别人，哪怕别人在她面前贬低另一个人，她也会真心相劝。**她常说的一句话是："每个人的立场都不同，其实他也没错。"**她从不添油加醋、火上浇油。其实在她的世界里面，她没有无话不说的闺密，她最好的闺密一定是我。她就是第一次接触时会让人感觉很高冷，熟悉后感觉特别真诚的人，所以与她熟悉的人几乎不会不喜欢她，她的一切话语和行为都不会让人不舒服，她总能站在别人的角度思考问题，替别人考虑。关于这一点，我还有一个得意之处，我们家的两个孩子的性格都和她一样，所以班里的同学都特别喜欢她们。尤其是我们家的大女儿，第一次接触她时，会感觉她有些冷淡。有一次，我和她一起走，迎面走来几个同学，他们都热情地和她打招呼，但是我们家的大女儿只是微笑了一下，并没有表现得很热情。

我在这里要提醒各位，你要留心对你太热情的人，他们多半是有目的这样做的，否则他们不会无缘无故地表现得过分热情。 有一句话是这么说的："君子之交淡如水。"没有利益关系，无须刻意去热情。不得不佩服古人的智慧！君子淡泊而心地亲近，小人以利相亲而利断义绝。但凡无缘无故而接近相合的，那么也会无缘无故地离散。所以我们家的大女儿尽管对同学并不热情，但这不妨碍同学们都喜欢她。因为平时她乐于助人，从不议论同学，尤其是大家都不喜欢的同学，她也会认为他们很好，没有什么不好的。有一次，她一本正经地和我说："大家都说那个人不好，我觉得她挺好的呀，也没有他们说的那么坏！" **在她眼里，大家都有优点，所以她并不需要用心计去讨好别人，而是用真心相待，自然就会赢得大家的喜欢。** 其实，我们每个人都有很多缺点，如果你的眼里都是别人的缺点，那么你肯定会表现在自己的行为、言语甚至是表情上。如果你的眼里都是美好，那么你也会善待自己。即使是你非常不喜欢的人，你也没必要去把他数落得

一无是处，你可以选择远离他，同时，祝福他过得好。因为如果
他过得不好，你也得不到好处；如果他过得好，也不会稀释你的
幸福，这就是一个人的心胸。以上两个人造就了我现在的胸怀，
不论是我的事业还是我的生活，都有质的飞跃，希望对各位也有
所启发。

精选留言

风：

当我发现最近自己月赚 20% 的时候，突然觉得涨跌没有那么重
要了。因为这么多年我已经不再通过算计盘中的分时价格去买股
了，而是以更大的格局和眼光来看大盘和个股了。估计十点兄这
么多年写了这么多东西之后，也已经释然了。

十点：

非常准确！

木四：

我非常欣赏你的观点，无论是你的文采，还是你的境界。

十点：

我的文采真的不好，能如实叙述清楚已经不错了！

其实，你的生活比乾隆皇帝的生活还要好

如今美国 GDP 占世界 GDP 的 24%，最高峰时占 30% 左右，你可能会感觉他们很厉害，其实不然。回望我们中国历史上的唐朝，那时中国 GDP 占世界 GDP 的 58%。这还不是最厉害的，据说宋朝的时候，中国的 GDP 占世界 GDP 的 80%，不可想象啊！

世界上 80% 的财富在中国，而且宋朝还是一个藏富于民的朝代，那时的老百姓富裕到什么程度呢？根据西方的历史学家有些夸张的说法，宋朝的一个看门人的生活水平超越了西方任何一个国家的君主。我想这个说法肯定夸张了一点，但是也足以体现当时的宋朝百姓之富裕。以下是维基百科的数据。公元 658 年，唐朝的 GDP 排名世界第一，占比 58%；东罗马帝国的 GDP 排名世界第二，占比 9%；阿拉伯帝国的 GDP 和古印度的 GDP 都排名世界第三，占比 7%。公元 1095 年，宋朝的 GDP 排名世界第一，占比 80%。1500 年和 1600 年，明朝的 GDP 排名世界第一。直到 1700 年，清朝的 GDP 被印度的莫卧儿王朝赶超，但是在 1800 年，清朝的 GDP 再度回到世界第一的位置，直到 1840 年的鸦片战争，我国的 GDP 才开始一点点落后，但也能排进世界前 3。

要发展经济，人口最重要，如果没有人，那么经济总量肯定难以上升。从历史角度来分析，每一次经济腾飞都会迎来人口高速增长。第一次是刚统一六国的秦朝，当时全国人口大概是 3000 万人。西汉时人口为 6000 万人，东汉时人口为 5000 万人，所以出现了汉朝的繁荣。之后东汉末年开始了长期的战乱，直到西

晋，一直打仗，导致人口只有1600万了，所以用了几百年来恢复。隋朝时人口已达4600万人，唐朝时人口又超过了5000万人，达到了5200万人。唐末之后人口不增反降，北宋时人口为4600万人。后来南宋被灭于1276年，元朝早在1271年就建立了，几乎平滑过渡，导致对人口增长没有大的冲击，所以到元朝时全国总人口接近6000万人，直到1578年的明朝人口正式超越6000万人。近200年后，1764年的乾隆中期的人口第一次突破2亿人。又过了80年，1844年全国人口又翻了一倍，超过了4亿人。直到20世纪50年代，人口超过了5亿人。

从秦朝的3000万人，发展到今天中国的14亿人，人口翻了将近50倍，那我们的GDP增长了多少呢？据历史上最早记载的用美元来衡量的GDP数据，中国汉朝的GDP大概是265亿美元。宋哲宗绍圣年间GDP的数值约为40亿贯，约值352亿美元。宋朝的GDP曾占世界GDP的80%，这是中国占世界GDP比例的最高峰。明朝的GDP大概是339亿美元，清朝在人口为3亿人左右时GDP大概是1800亿美元。而中国2019年的GDP大概是15万亿美元，是汉朝的566倍，而2019年的中国人口只是汉朝的30倍。巴菲特说过一句话："现在普通美国人的生活水平已经超越100年前的洛克菲勒了。"我们也一样，现在普通人的生活水平已经超越古代帝王了，起码乾隆皇帝没有享受过空调，也没有手机、电视、飞机、高铁。

中国的网民人数与市场空间

2020 年 2 月统计的最新数据显示，中国互联网用户突破了 10.8 亿人！相当于 3 个美国的总人口！我于 1999 年第一次接触互联网，那时候我还在上大学，当时的学校图书馆是我第一次上网的地方。我记得那年的情人节自己看到同寝室的同学都去约会了，我一个人只能暗落落地去图书馆奢侈一把：上网！

为什么说是奢侈呢？因为对于一个月的生活费只有 100 元的学生来说，花 10 元钱去上网肯定是奢侈啊！**我记得我还申请了第一个 QQ 账号，那时候它叫 OICQ，当时还有 PICQ 等网络即时通信工具，后来基本都销声匿迹了**，最后连腾讯模仿的 ICQ 都"死掉了"，腾讯却做大了，这真的是马化腾的本事。

1999 年的中国互联网用户只有 400 万人，前一年的 1998 年，互联网用户只有 200 万人，所以我也算是中国的前 500 万网民。直到 2005 年，国内网民人数才突破 1 亿人，中国用了 8 年拥有了第一个 1 亿网民。我的第一次网购是在 2001 年，在一个名为 8848 的电子商务网站，网站的创始人叫王峻涛，当时他的网名很有名，叫老榕，他在 BBS 里面都是用这个网名。在那个年代，马化腾、丁磊都在论坛聊天，他们两人是通过 BBS 认识的。后来丁磊去广州创办了网易。马化腾在自己家里架设服务器建 BBS 站点，他的服务器是通过电话线拨号连接的，肯定没有固定 IP，带宽最多为 56Kbps。2003 年，我第一次用淘宝购物，2005 年已经开始兴起淘宝个人网店，可以作为一个职业来做。**我记得当时**

我去参观同学的网店，网店旁边的仓库有 2000 平方米，我惊呆了，一个小淘宝店居然可以做得这么大。我还记得 2000 年有一次电视台直播 "72 小时网络生存测试"，测试者在一个透明房子里，摄像机 24 小时直播，他们通过网购生存，这在现在看来是多么可笑的事情，但是在当时确实是很新鲜的事情。没想到现在 80% 的中国人都可以实现几个月的网络生存。

继续说网民的发展数量，2007 年，国内网民总数突破 2 亿人。接下来几乎是一年增长 1 亿网民，直到 2010 年互联网用户的增长速度才开始变得缓慢，因为网民数已经达到了全国总人口的一半。后来出现了移动互联网，人手一部智能手机，又让互联网用户的增长速度进入了快车道，直到 2020 年，网民数接近全国总人口的 80%。中国的主力网民几乎已经被挖尽，这个人群是消费的主力群体。大多数中国人都在上网，如果想要做生意，那么你们一定要通过网络找客户；如果想要找工作，那么你们一定要找和网络有关的工作，这样未来都在你们手里。

中国的互联网群众基础很好，基础设施也很优秀，尤其是电商的基础设施非常出色。在我国 90% 的城市里，发一个包裹的成本都不足 2 元，这才铸就了中国的电子商务如此发达的基础。中国的电子支付也非常方便，具有很高的普及率。如果你在国外，尤其在欧美，那里的电子支付非常不方便，而东南亚的电子支付行业基本已经与中国趋同，所以很方便。这些都得益于国家对互联网行业竞争的开放态度，只要不违法，让参与者自由竞争才对行业最好的支持。当然，互联网尤其是电子商务在中国发展得如此好，还有一个主要原因是原有的传统商业生态非常脆弱，**低成本的体系立马冲垮了所有的传统暴利行业。**但是现在的电商产业被几大寡头垄断，流量成本越来越高，导致价格甚至高于传统线下超市，也面临着发展的困境和问题。

还好，像闯货这样的私域流量小平台越来越多，它们都因为流量成本为零，所以可以把商品卖得很便宜。由于它们的用户不多，要持续经营，只有全心全意服务好自己现有的用户，就可以让用户在买到高性价比商品的同时，商家还能赚到合理的零售利润。这是代表未来主流的电商平台。

未来的电商行业就是每个用户在自己喜欢的平台长期购物，享受好的服务，买到好的商品，这样的平台可能有千千万万个，百花齐放，百家争鸣。5年或10年后，如果平台不珍惜自己的用户，用户就会很快离开并迅速找到替代的平台。而不是像现在这样，用户几乎没有选择权，只有在2~3个平台上能买到大部分东西。由于中国的总人口是美国的总人口的4倍多，并且中国人富起来了，消费的总量远大于美国；因此，我们的商业机会还会有更多。如果你今年还未超过30岁，那么好好学习，抓住这次机会；如果你的年龄较大，那么让你的孩子好好学习，去抓住这次机会！

精选留言

Philip 周 – 龙虎出山：

以前小马的办公室与我的办公室隔几个房间。在他的指导下，我申请过 OICQ，在国外的聊天室闲聊，网速极慢——电话拨号上网。当初我没有钱给他投资，我们一起吃过盒饭。后来几年我就没有他的音信了，我也到国外去读书了。再后来，我只能买他一股几百元的股票了。

十点：

那你真的是错过了好机会啊。

做空中国会破产

近 100 年前，资本主义世界发生了最严重的经济危机，就在那时，**老摩根说："做空美国会破产！"** 之后的美国经历了 100 年的经济增长，几乎没有回过头！期间发生了两次世界大战、冷战、石油危机、1987 年的暴跌、总统肯尼迪遇刺、海湾战争等大事件，也没有阻止道琼斯工业指数稳步上涨到 3 万点。

在过去的 100 多年中，全球股市的平均回报是 344 倍，美国股市的平均回报是 834 倍，涨幅回报最多的是澳大利亚和南非的股市，意大利股市的平均回报只有 6 倍。 按照中国人的勤劳程度，达到平均的 344 倍回报是有可能的。能不能超过美国的 834 倍呢？也有机会，因为中国人非常聪明、非常勤劳。而且当前的中国已经步入最佳的状态，全民发展意识完全唤醒，社会基础教育健全，真正的人才红利刚刚开始，虽然人口红利已经结束。

所以我想说的是：**未来 100 年，做空中国会破产！你要做的是全仓买入中国、做多中国！**

虽然 2022 年中国的经济总量已经是全球第二，但是当你看人均指标时，你会发现中国的潜力还远远没有被挖掘出来。

当前中国的 GDP 能达到多大规模，这个本身并不重要，重要的是所有老百姓能够真正过上美好的生活。 所以这几年国家大力扶贫，建设生态文明，大搞民生工程，都是为了追求经济发展的质量，让经济为老百姓的美好生活服务，这才是最根本的目的。

从日本的惨痛教训来看，盲目追求 GDP 数量，牺牲经济发展质量，会 "死得很惨"。**1987 年，日本人均 GDP 首次超过美国，1995 年达到最高峰，是美国人均 GDP 的 1.5 倍。** 日本通过大企业联盟（类似国企模式），顺利渡过了 1974 年的全球石油危机，这在当时是世界罕见的成功。在 1987 年，日本的人均 GDP 超越美国成为世界第一后，整体国民的心态更是从自豪变成了傲慢。人们开始相信，日本是独一无二的，日本战后经济制度设计是全世界最优的，日本的经济和股市也会永远上涨。在全民强烈的自信心驱动下，几乎所有人都开始通过大量借贷进行激进的投资，由此形成了巨大泡沫。

从最根本的资产泡沫根源来说，2019 年中国的土地价格指数大约可对应 1975 年日本的土地价格指数。 1955—1975 年，日本的土地价格指数走势与增长幅度，酷似过去 20 年的中国土地价格指数，基本都是从无到有。1975—1985 年，仍是日本房地产相对平稳健康的时期，十年房价累计上涨 50%。当前中国各方面都是初级阶段，至少还会高增长 20~30 年，然后可能就维持几十年的低速稳步增长，像美国近 50 年一样。

所以我们这一代人很幸运，遇上了国家全面腾飞的阶段，请大家抓住时代的机遇，共同努力建设祖国。**不要抱怨，完善这个国家不足的地方正是我们这代人的机遇，特大的机遇！**为什么说是特大的机遇？很多人说改革开放初期是大机遇，但那时的市场规模有多大呢？1978 年中国的 GDP 总量大约是 3600 亿元，而 2019 年 GDP 总量是近 100 万亿元，2019 年中国的 GDP 总量是 1978 年中国的 GDP 总量的将近 300 倍。也就是说，当前这个机遇至少是改革开放初期机遇的 300 倍。这个机遇对我们每个人来说都一样公平，而且最主要的是，现在正好处于消费升级转型阶段。**研究发现，那些生产消费升级产品的公司都将是未来的大牛股，站在时代的风口，我们要用大格局去看待大时代，才能找准方向。**而不是只看当下，被疫情吓破胆，认为未来一片黑暗。再过 20 年，你会发现，我的这些话都是那么实实在在，不信？我们走着瞧！

精选留言

小恐龙蛋：

如果我坚持 30 年每个月定投基金 6000 元，直到退休，共投入本金 216 万元。那么保守估计本金会翻三倍，不算复利。退休时我就会拥有 648 万元。如果我从 60 岁开始每个月从基金中领 2 万元当作退休工资，可以领 27 年。再加上本身社保的退休工资，

一个月接近 3 万元。种下理财的小种子，等它茁壮成长。

十点：

实际收益会远超你的预期！如果你能坚持每月投资 6000 元，只要投 10 年，按 8% 的年化收益率来计算，你至少可以积累 108 万的资产，即使不再定投，20 年后，你至少也会拥有 600 万元，之后每月被动收入至少为 4 万元。如果你能坚持 30 年每月定投 6000 元，那么你退休时至少拥有 800 万元，每月被动收入至少为 5 万元。那时候即使通货膨胀再高，如果你拥有这个收入，那么你的生活应该也不错，而且如果收入不够，你也可以花本金。

小恐龙蛋：

实际收益会有这么多吗？太吓人了。我会坚持定投，为了退休时有 800 万元。授人以鱼不如授人以渔，为十点老师点赞。我也庆幸自己仍然年轻，可以在努力赚钱的同时也能努力存钱。

十点：

巴菲特的伟大不是他最终赚了多少钱，而是他在年轻的时候就想明白了 "慢就是快" 的道理，用复利赚钱，而不是冒险！你现在想明白了这个道理，财富和快乐一定会伴随你的一生！你是幸运的，希望能坚持住！ 90% 以上的人活到了 60 岁、80 岁还没有想明白这个道理！

历史上三轮大牛市的规律

本节再给大家讲一个历史上三轮大牛市中有趣的规律，如图4-1所示。

图4-1 2001—2015 年股市大盘月线图

从 2001 年开始，每次大牛市都是在跌到此轮牛市前的价格附近时，开始发起第二轮牛市。比如，2003 年和 2004 年，大盘在跌到与 1997 年和 1998 年大盘点位接近的水平时（2001 年大牛市发动前），其实就到了熊市的底部区域了。2005 年上半年，市场非理性下跌，大家都恐慌到极点，如果你能抓住机会，那么绝对能收获超额收益，之后就出现了百年一遇的 2006—2007 年大牛市。2015 年的牛市情况也类似，2013 年和 2014 年上半年，大盘几乎跌到了 2003—

2004 年的大盘点位（2006—2007 年大牛市之前的点位）附近，出现了低估底部区域，然后爆发了 2015 年的大牛市。在 2006—2007 年大牛市启动之前的 2003 年，发生了"非典疫情"，尤其是在北京，马路无人，店铺全部关门歇业，经济前景堪忧。股市一路下跌，上证指数从 2001 年的 2245 点跌到 2005 年底的 998 点，跌幅接近 60%。上证指数跌破 1000 点心理关口时，把最后一批散户的廉价筹码全部吓了出来，这个点位也从此成为历史低点。随后启动了中国股市百年一遇的大牛市，很多人因为这次牛市而赚够了一生的财富。

2015 年的大牛市前又发生了什么呢？多年的熊市加上欧债危机，贵州茅台的价格直接从 260 元降到 160 元，之后反弹到 200 元。芒叔之类的价值投资者不相信贵州茅台会被打垮，反而觉得这是千载难逢的机遇，然后大举买入。之后股价继续大跌，他们一路跌一路买，最多的时候深套 30% 以上，但是丝毫不动摇。后面的故事大家都知道了，在 2014 年，贵州茅台的不复权价格最低时几乎为 100 元，当年分红每股高达 5 元，而且还送股。之后股价上涨超过 10 倍，累计分红将近每股 50 元。这种赚暴利的机会都是在熊市里面出现的，而且都伴随着对"世界末日"的恐慌。道理已经讲得非常透了，我认为在熊市入市的人是幸运的，市场再一次给了他们低位上车的机会，要珍惜，不是人人都有这种机会。如果是在大牛市入市，你可能是不幸的，因为你很可能会高位接盘。如果你在大牛市入市，不要只看眼前赚的小钱，否则你很快就会亏大钱；而在熊市入市，则不要只看眼前亏损的小钱，那是浮亏，忘记它。只要你买的不是垃圾股、概念股，即使你买的是指数，也都几乎没什么风险。中国经济总量持续稳健增长，A 股怎么可能在未来还是 3000 点呢？理性地想一想吧！

精选留言

Judy：

"我认为在熊市入市的人是幸运的，市场再一次给了他们低位上车的机会，要珍惜，不是人人都有这种机会"。我开户于 2019 年 3 月，截至今年已满一年，很高兴能看到十点老师的文章。

十点：

我再一次要告诫新股民，不要做短线，不要听消息买股票，拿出 90% 的资金去定投基金，拿出剩下的 10% 的资金去做价值投资，然后慢慢摸索规律和学习，等你做股票的收益超过定投的收益时，逐步减少基金金额，加大价值投资的金额。100% 按这段话执行，你不用自己亏很多钱来买教训，而是用别人的教训来为自己赚钱。

李青青：

老师最令人佩服和感动的是，每当大家绝望和心灰意冷时，老师都会搜集大量数据来给我们树立信心，这是很不容易的，真的很让我们感动。我是刚刚开始做定投的老股民，现在我跟着老师做基金定投，心很安定也很快乐！

拽风筝的疯子：

昨天我去市场买鸡蛋，很多家店里的鸡蛋都所剩无几，问后才知道，前天鸡蛋以 2.8 元 / 斤的价格被大家抢购一空。然后我只能以 3 元 / 斤的价格在剩余的鸡蛋中挑选后购买。但如果是在股市上，大家就都反过来了，跌的时候没人买，涨的时候大家反而追着买。这就是人性吧，如果能以抢鸡蛋的心态抢筹码，何愁不赚钱呢。

十点：

好案例，谢谢分享！

网友孙某某：

我认为老师把历史回顾写得很好，我再补充一点，历史不会简单地重演，接下来齐涨共跌的概率会逐步减少，大概率的事件是，优秀公司会逐级走高，对应的是更多的个股会被边缘化。

网友张某某：

我在 2017 年入市"修行"，这么多年下来，万幸的是我没有亏损。目前我有一半钱在股市，另一半钱在定投基金。我个人认为应该不贪不追、坚决止损、知足常乐、心态放好。这样的话，一般情况下我们就算没有赚大钱，也不至于亏损。

十点：

继续保持下去。

北极狐：

做人，认清自己的定位很重要！选择适合自己的道路，就要坚定走下去！不断前行、不断探索、不断总结，我们就会离目标越来越近，坚信终有一天，我们必达成功之地！

网友张某某：

十点君，我关注你很长时间了，前几年我一直没有操作，到现在开始慢慢按你的操作思路走，开始基金定投。希望我能坚持，我现在每天定投。这样可以吗？

十点：

你也不用每天定投，在大幅震荡和下跌的日子里，最好的定投办法就是每下跌一定的点数就买入一部分，掌握这个方法，此生不可能在股市亏钱了。

Weird：

我也算股市新手吧，从去年到现在，我从不停歇地学习各种概念和基础知识，股市需要耐心、独立的思考和观察，可以听别人聊什么，最终把它们变成自己的判断，这是未来能够独立操作的必备品质。每次的市场危机都是多年难以遇到的机遇，可以把各种股价打到最低，对于业绩优秀的公司这是千载难逢的买入机会。我们要做的就是买入低价股，躺平，等到春暖花开。

芒叔 2019 年赚了多少

我经常提到芒叔，大家对芒叔一定很好奇，除了参加我们线下见面会的粉丝真正见过芒叔外，其余的人想象中的芒叔肯定是一个"老者"。当然，作为一名私募基金经理，吹得再厉害，最终还是要靠业绩说话。那么芒叔的投资业绩到底怎么样呢？为此我给芒叔做一个全面的年终回顾！我们两人现在几乎天天在一起讨论工作、讨论生活。除了白天在办公室聊天之外，我们各自回家后也聊个不停，甚至分享阅读后的感悟，无时不在沟通。

现在很难想象我在遇到芒叔之前的生活，那时我天天短线盯盘，晚上熬夜复盘。虽然也能赚点钱，但那是牺牲了很多生活的时间换来的，而现在我把资金都交给了芒叔打理，不但心里更踏实了，而且赚的钱、自由的时间也更多了，生活精彩了很多。

芒叔从 2006 年开始做投资，他一直立志只做价值投资，而不是我们普通散户的追涨杀跌。他也做过短线，但是只做了几个月，他就再也没有碰过这个方法。之后的 14 年他一直坚持价值投资，根据昨天他告诉我的最新数据，通过 14 年的时间，他把自有资金大约做了 70 倍的收益。

2019 年，芒叔的账户整体收益率为 70%，比他管理的基金业绩好，原因不是芒叔对基金不够用心，而是芒叔更能接受自己的资金有更大的波动幅度，而他更希望给大家安全感，保证基金稳定盈利。

自己的业绩再好，也是口说无凭，所以 2017 年我们几个朋友筹集了几千万元成立了一只阳光私募基金，让他的业绩有一个阳光化的记录。在 2018 年市场最艰难的岁月，基金单位净值跌到 0.8 元左右，凭借着信任，我们几个朋友继续追加资金，让他完美抄底市场，我们尝到了价值投资的真正甜头。在看到大量便宜货的时候，价值投资者最大的乐趣就是自己有钱买它们，所以这也是芒叔对资金背后的人有很高要求的主要原因。否则会非常痛苦，在市场顶部时大量的资金涌入，无处可投；而在市场底部的时候，又没有人给你钱。我们这群芒叔的朋友，完全信任芒叔的判断，底部申购的信心非常坚定。图 4-3、图 4-4、图 4-5 是这只基金的最新业绩情况，数据非常漂亮。这只基金除了业绩很让人满意外，更重要的是抗风险能力超强。在 2018 年这种比 2008 年还极端的行情下，满仓的情况下最大回撤只有百分之十几，可见芒叔的投研能力不是一般的强，选的都是市场跌无可跌的低估价值股，业绩整体跑赢沪深 300 指数近 16 个百分点（如图 4-2 所示），大家要知道，2019 年的沪深 300 指数也非常强悍，但芒叔还能跑赢它那么多。

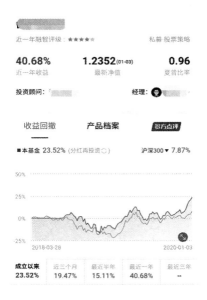

图 4-2　芒叔基金的业绩对比沪深 300 指数

芒叔的业绩整体跑赢恒生指数约 28 个百分点（如图 4-3 所示），因为这只基金里面配比了一部分港股，所以更有可比性。

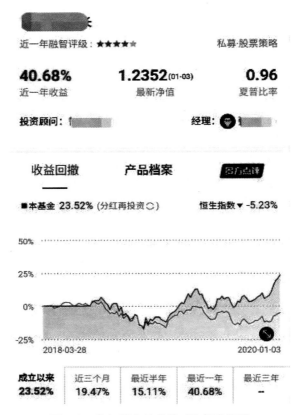

图 4-3　芒叔基金的业绩对比恒生指数

芒叔的业绩整体跑赢中证 500 指数约 33 个百分点（如图 4-4 所示），绝对的遥遥领先！

图 4-4　芒叔基金的业绩对比中证 500 指数

说实话，对于一般人来说，跑赢大盘指数已经很难了，但芒叔能够在短短一年多的时间里跑赢指数几十个百分点，真的不简单！

我认为一切都刚刚开始，我和芒叔约定一起再做 50 年价值投资。只要我们不忘初心，就会复利不断，价值投资一定会给我们不断制造惊喜，同时又会让我们把生活过得越来越美好！

精选留言

坐看云起：

2019 年我盈利了 50%。

十点：

我希望你能够持续盈利，而不是靠冒险来赚到这些钱。因为亏损

50%后需要赚100%才能回本。而芒叔14年能做到70倍的收益，最大秘诀是控制了风险、控制了回撤，而不是冒了很大的风险获得高收益，然后高回撤。2006—2019年的14年，芒叔只有两个年度亏损，2011年亏损8%，2018年亏损11%。

衣迹：

我觉得最厉害的是，这些年他只做了极少的几只个股，都是在"钻石底"入的，年收益率达到45%，水平可见一斑！

十点：

他都是在很低的估值时进入的，所以他的所有投资业绩都是在低风险的条件下获取的，这才是能够保持复利不断、回撤很小的最大的秘诀。我们大多数人都是坐电梯，像2019年这样的行情盈利40%多的业绩并不显眼，但是基于如此低的风险下获取这么高的收益，那是非常不容易的。

玉如意：

芒叔的数据真的非常漂亮，了不起。我非常赞同芒叔和十点老师的投资理念，我现在一直坚持基金定投，我在股市里只有一些小钱。感觉投资基金是非常轻松安逸的，每年的收益比股票强多了。

十点：

努力学习，努力工作，对我们大多数人来说，增强自己的工作能力、赚钱能力才是出路，然后通过定投赚够私募基金的门槛钱，再交给靠谱的人打理，从此一生财富无忧。

你改变了，我们是一辈子的朋友

我先给大家看几条粉丝留言。

第一条留言。

2018年我关注了您的公众号后，跟随这个良心公众号的投资理念投了几只价值股和定投了沪深300ETF，感觉业绩和之前自己乱买的股票天差地别。现在手里的股票完全可以放心持有，做时间的朋友，保持"睡后"收入。感恩遇见，感恩美好！

第二条留言。

非常感谢十点老师，今年是我自2008年炒股以来唯一赚钱的一年，我现在天天都读老师的文章，想到以后会不再缺钱花，好开心哦！再次感谢十点老师！

第三条留言。

我关注老师也很久了，估计有两年以上了，从最早的大面积亏损，到现在的开始盈利，从最早的时刻盯盘，到现在偶尔看一下。以前每天十点我必看老师的文章，现在心静下来了，涨跌都不会那么引起内心的焦躁不安了。现在我也不时刻关注大盘了，自己的工作问题也能花更多时间去处理了，真的是两头都赚，股票有得赚，生意也没有荒废掉。

第四条留言。

十点老师你好！这几天我反复看你的文章。你真是实心实意地在教我们，你的文章写得很透切，有深深的道理。说真的，我做了几十年的股民，常盯着大盘，最好的黄金四小时都被占去了，人还非常累，心态也时常被搞坏。如果不看盘，我又会不甘心，所以常会被套，忙来忙去都是为了解套，回想起来真是好笑。我真的反省了，从今日起我要改变自己，按你所说的思路来纠正自己过去操作的模式。我相信这样做一定会给自己带来丰厚的利润，这样也能让我把时间留出来多多地读书学习。感谢老师的指引。

就先选这几条留言给大家。

说实话，这几年，我改变了太多和他们一样的人，他们都是我一辈子的朋友！我相信以后无论我走到哪里都会有朋友，包括国外很多地方也有我的粉丝，这几年做的这件事情太值了！

我是一个理想主义者，自己变好的时候就希望别人也变好。大学毕业后，我的生活慢慢变好了，我就开始竭尽所能帮助亲戚慢慢变好，然后帮助身边的朋友慢慢变好，现在我竟然在帮助成千上万个从未谋面的粉丝慢慢变好。同时，我也收获了太多意外的惊喜，这就是"利他主义"的正反馈。**你们在平时生活中也可以尝试多做"利他"的事，绝对不做"害他"的事，这样你会发现生活变得完全不一样了**！这种正反馈会让更多的人做善事、做"利他"的事。

一开始很多人劝我，说这些东西没有用，公众号的粉丝要的是"牛股"，要的是暴富的感觉。特别是做券商的朋友，还振振有词地告诫我："**做这样的事情是吃力不讨好的！不会有人理解你的，更不会有人按你说的去做。**"我确实比较特立独行，自己认定的事情就要去做，几乎不会受任何言论的影响，所以我依然继续我行我素，直到有人开始理解我，有人开始受益，我再用这些人的事例去说服另外的人，最后达到让越来越多的人变好的目标！

让我坚持 5 年、每天一文的唯一动力就是我看到了很多散户的惨状，他们在**生活中省吃俭用，有些甚至是用养老钱、看病钱、一辈子的积蓄，以及起早贪黑赚的一点钱，在股市里面大把大把地亏掉**。我相信，这些散户都是无辜的受害者，他们理应分享这个国家经济发展产生的红利，而且他们是最有权利分享的人。而面对资本市场的凶险，我们这些散户又是如此的不堪一击！所以散户必须面对这种残酷的现状，放弃股票投机，转投指数基金，赚我们能力范围内的钱，好好工作，回归家庭！

实在还不死心的人，我也介绍了一种叫价值股投资的方法，起码让大家不再亏钱，还能赚钱。但是大部分人会发现，自己长期做价值股投资也无法跑赢指数，最后这些人也会回归指数基金定投。剩下的做价值股投资能够跑赢指数的人，财富增长的速度会越来越快，也不用花太多精力，生活自然会越来越美好！

因为我们的散户受伤都足够深，所以不需要我说太多，其实越来越多的人都明白了其中的道理，只是需要一个人来确认一下"炒短线是一条错误的道路"，我就是那个帮你们确认的人。说实话，我没有本事替大家赚钱，最终还是要靠你自己，我只是反复和你确认，天天盯盘炒短线是错误的。**我相信每一次的确认，都会改变几个人，我一个一个地去改变，最终留下来的人都会被改变。**而且因为有之前的弯路，改变后的生活改善和财务改善，会让他们越来越确信我给他们指明的道路是正确的。哪怕是现在还无法理解这个投资方法的粉丝，也都会慢慢理解，所以我有足够的耐心等你们，但是我需要更多的力量来做这件事情。

在大家真的赚到钱之后，让大家通过闯货买到价廉物美、高品质的商品并提升生活品质，这是我的另外一个追求。我做"闯货"这个平台，主要考虑两方面：**第一，让大家有钱可以买到好商品，享受好生活；第二，能够去除大家购物中的烦恼，增加生活乐趣！**我们赚钱的目的就是改善自己和家人的生活，而不是为了银行账户的数字增长。所以追求生活本源，积极阳光地迎接美好的未来，让每天都充满热情和希望，这就是人生的意义！你们不但会赚钱越来越多，而且都能把钱花到最该花的地方。闯货不仅提供越来越丰富的优质生活用品，还会给大家找度假、旅游的好地方。同时，未来闯货还会提供孩子教育、家庭关系、生活保障等方方面面的服务，真正做到"闯货就是你们的管家"。当然，这些都是我的理想，需要更多的人去努力，尤其是我们的管家团队，还有志同道合的供应商。最终形成你们、管家、供应商的链接，我们都志同道合、互相信任，共同追求美好生活！重塑一个信任的社会，让生活更加美好！

总结一下，这样的人生整个路径如下。

决心改变——长期定投指数基金或长线投资价值股——回归本职工作，涨工资——回归家庭，使家庭更和睦——提升自己，将本来盯盘的时间用来读书——开始赚钱，然后越赚越多——享受闯货产品，让自己和家人过得更好——旅游度假，开始享受人生——更好的子女教育，推动整个家族的发展。

第 五 章

未来愿景

赚多少钱可以不工作了

本节讲个轻松点的话题：赚多少钱可以不工作了？ 我相信这是很多人向往的境界。如果要讨论这个问题，那我首先要问你，你一年花多少钱才会觉得自己的日子过得舒坦呢？假如，你每个月的开销是 5000 元，那么你一年的开销就是 6 万元。也就是说，如果你不工作，那么你得至少有 6 万元的投资收益，而且要稳定，才能维持你现有的生活水平。

那什么投资才能让你稳稳地获得每年 6 万元的投资收益呢？银行理财？不行，因为银行理财的收益率每年都会波动，存款利率也会波动。指数基金定投？更不行，因为很可能定投 3 年、5 年仍在亏损，之后很可能一年赚 50%，前面几年只能"喝西北风"。当然，长期看指数基金定投可以平均获得 7%~10% 的年化收益率，这个长期至少为 5 年。另外，信托产品也不靠谱，有可能会血本无归。买房收租金？这个就更难说了，何况也不是说租就能租出去。我就碰到这个问题了，2020 年，我的写字楼和商铺，因疫情这个"黑天鹅事件"，空闲了半年多，而且我还要交物业费，如果我靠它们的收益来生活，那么这半年我也只能"喝西北风"了。

所以这个世界上没有稳定赚钱的行当，唯有不稳定本身才是最稳定的！

如果你要追求稳定，就要先承认不稳定，从而通过面对不稳定去寻求自己的反脆弱性，提升自己的抗风险能力，这样才能过上稳定的生活。有句话是这么讲的："未雨绸缪，居安思危，方能稳定！"

假如你希望每年有 6 万元收入来支付生活开销，那么不是用 6 万元去做预算，而是至少用 10 万元去做预算，留有 4 万元的余地。这样 2 年能多出 8 万元的收入，万一哪一年你的收入不稳定，起码还可以应付一下，不至于"喝西北风"。如果你还能继续工作赚钱，那么多出来的收入可以改善生活。

很多人在衡量自己的生活开销时，往往会用现在的收入水平去计算。其实，每个人都会因为自己的收入提升而让开销水涨船高。一个月收入 5000 元的人，他的吃喝用穿住和一个月收入 5 万元的人是完全不一样的，所以对有些人来说，一旦他的消费欲望被打开，那么随着收入的提升，他就会发现自己的钱还没有之前够用。

有句话叫："贫穷限制了我的想象！"人这种"动物"很奇怪，每个阶段的审美和需求都会发生很大的变化。在你月收入不超过 1 万元的时候，去逛宜家时你会感觉很好，认为家具很有质感。但是当你的月收入超过 5 万元后，去逛宜家时你会感觉家具很简陋，完全没有质感！

我记得很清楚，2004 年时我真的非常喜欢马自达 323 这种车，那时候我真的很渴望买一辆。我记得当时我的一个同事买了一辆，然后我借来开了一天，那时我真的太喜欢这种车了。我要把车还回去的时候，还去帮他洗车，洗车时我真的好担心车被刮擦到，总之，我一直小心翼翼的。后来我的收入高了一些，可以很轻松地买马自达323了，可那时我突然没那么喜欢它了。现在我再回头去看看这种车，看看里面的内饰，感觉自己一点儿也不喜欢它了！前几天我去试驾了自己理想的电动车，原本想给家里添一辆6座的车，看图片时我还很喜欢，试驾时我看见内饰后就不喜欢了，这就是审美的变化。

所以人的开销是随着收入的提升而提升的，不是一成不变的。这也是有钱人还在努力工作的根本原因，你不能停下来，因为一停下来就会降低生活水平。

有句话叫："由俭入奢易，由奢入俭难。"从本质上来说，有钱人和没钱人对钱的需求程度都一样，甚至有钱人会感觉更缺钱。这个现实一定颠覆了想实现财务自由的人的观念吧？所以不要有"赚够钱后就不工作"这个思想，想都不要想。你可以不为短期的钱工作，这样心态会很好，也愿意做长期的事情，不那么急躁。

还有更重要的一点就是可怕的通货膨胀，你现在觉得月收入5万元很厉害，但20年后，可能这只是工薪阶层的收入水平。所以我们不能静态地看赚多少钱可以实现财务自由。我大学的同学给我讲过一个小故事，20世纪80年代末，他们村上有一户人家中了8万元的大奖。那时候我们江浙沪一带流行"万元户"的称呼，因为他们家一下子有了8万元，所以自然成了村上最富裕的人家。自从得到大奖后，他们全家人都不工作了，也不种田了，然后他们一直吃喝玩乐。结果等到 2000 年时，他们家成了村上最穷的一户。这就是静态地去看待财富的悲催结局，8 万元本身在减少，加上通货膨胀，20 年后的购买力最多等于当初的 8000 元，所以并不稀奇。这些钱被一次性用完，并且他们没有工作能力，长时间吃喝玩乐，最后可能连工作都找不到，导致坐吃山空，能不成为最穷的人家吗？

另外，即使你不工作，一年的投资收益有 6 万元，也是远远不够你生活的，哪怕是你一个人的生活，也不太够。

第一，你一年的花销不会永远是 6 万元。首先你自己会老、会生病，如果你住了医院，就算你什么病都没有，入院检查也会有几千元。如果你真生了病，看病很可能会花费几十万元。其次，就算你自己不花钱，结婚之后，你会让你的家人也陪你省吃俭用吗？然后，等你有了孩子，要上好的公立学校就要买学区房；要上好的私立学校，一年的学费可能刚好是 6 万元。最后，就算你不结婚、不生孩子，但是你的父母也会老、会生病，你总要为父母多准备点钱吧。

第二，**钱是会贬值的，即使按照生存的标准，只考虑官方 CPI 数据，一年也会贬值 2% ~ 3%。**我对 CPI 的理解是，保障生存的生活物资的涨价速度。3% 的 CPI 代表即使只是吃喝，如果你今年花 6 万元，那明年就要花 60000 元 × 1.03 =61800 元，为了活着，第二年你会比上一年多花 1800 元。

芒叔上次和我开玩笑说，**如果你想要退休后保证自己的高水平生活不发生变化，那么你起码要存下 4 亿元现金。**我已经忘记了这个数据具体是怎么计算出来的，因为我不太关心这件事情。

　　总之，打算赚够了钱后就不工作是不切实际的思想，因为如果你真的天天吃喝玩乐，那么一定比辛苦工作更痛苦。

　　人要张弛有度，有忙碌的时候，有休闲的时候，才能感觉到休息的放松。有句话叫："现在的痛苦是将来幸福的源泉！"怎么理解这句话呢？意思就是，当你做某件事情时，现在越难、越痛苦，如果未来成功了，那么你的快乐程度会越高。而相反，如果你做了一件很容易成功的事情，那么你会毫无成就感和快乐可言。所以生活就是在反反复复的"折腾"中过日子，不要想着什么样的生活才是你羡慕的，其实当下的就是最好的生活。

　　我经常告诉没钱的年轻人一句话："要珍惜没钱的快乐生活。"这绝对不是虚伪的话，完完全全是我自己的切身体会。当初大学刚毕业的时候，我和十点嫂两个人艰辛地添置装修了人生的第一套房子，每添加一件家电我们都兴奋的不得了，买台电视机可以让我们快乐几个月，现在买一栋别墅也没有那种兴奋劲了，感觉很普通。反倒这几年，给你们做的这些事情让我的生活增加了不少快乐和兴奋点。**但是没钱时的这种直观物质的拥有所给予你的快乐和满足感，其实是人生最快乐的时候。**马云曾说："攒了几个月钱买了辆自行车是我最快乐的事情。"我相信他说的是真心话。

　　当然，当你经济条件宽裕后，你可以寻找自己爱好的事情去做，这样工作本身可以给予你很大的快乐。我认为对我来说，工作就是生活，生活就融合了工作，哪怕我去旅游都会想着公众号的读者，当我买到好东西时，我就想分享给粉丝，而不是想着赚粉丝的钱去营销。当我在家里用到好东西时，我也想分享给粉丝。**我还有很多生活和投资心得想和大家分享，看到那么多人因为我的分享而改变自己，我会有莫名的快乐。**我感觉几年内我应该写不完自己的观念，如果我哪天不想写了、感觉每天写得很痛苦了，我可能就不写了。

精选留言

宁静致远：

今天这篇文章真的是用心良苦。我相信很多人炒股的目的就是为了实现财务自由，可以不必为了钱低三下四地去做自己不喜欢的事情。但是如果你想要真正达到财务自由，必须做到两个要点。第一，你的税后收入必须大于你的开销；第二，你要控制好自己的欲望，保持理性的消费，不奢侈、不浪费。

十点：

第二点更重要！否则财富是灾难！

冰蚕丝语：

我每天都读十点老师的文章，像聆听大师的演讲一样。权威容易对我产生影响力，这个我承认。因为我认为，比我成功的人，一定有优于我的地方。

自从看了十点老师的文章，我就紧跟十点老师的指导。现在我更加热爱读书了，也对生命、生活有了更深刻的理解，结合十点老师的文章，我觉得自己很幸运，因为一直以来自己都是正直善良的。现在我和一群有理想、有情怀的人同行，感觉很幸福！十点老师之所以能写出来这么多文章，在于他每天都向自己输入内容，不断学习。我要向爱学习的十点老师学习。

十点：

读完你的留言，我在字里行间感觉到了你的满足，在自己阅读的同时，如果能够持续输出也是一种反复思考的过程。我们在阅读大量书籍的同时，如果能够输出分享，就代表我们真的把它们融合到自己的知识体系里了，所以别忘记写点内容分享出来，投稿给我，向其他粉丝分享你的快乐！

明明：

我在一个八线小城市，我记得十年前刚结婚的时候，我和老婆第一年攒了两万元钱，那时候我们真的特别高兴、满足！那时我看着自己一点一点成长，和存款日积月累慢慢增长，我心里充满对未来的向往！这几年买房、换车，我的收入爆发式增长，但是自己突然感觉所有的东西都不是那么"香"了！好像所有的事都不值得自己高兴，感觉前路迷茫，我好想逃离现在的生活，但为了家人，我不能那么做！我真的一直在痛苦、挣扎！有时候我感觉有钱也不是那么好，我觉得自己的年收入在30万元左右时是我最富有干劲、感到满足的时候！收入向上突破后，所有的烦恼也就随之而来了！也许这就是成长的烦恼吧！

十点：

你的情况很典型，其实每个成长起来的人都会有这样的感受，所以我会提醒没钱的年轻人珍惜没钱时候的幸福生活。你可以试着帮助一些人，分享自己的成长，慢慢你会让自己拥有久违的幸福感！

★★★：

十点老师写得很好，文章写的是财务自由，可实际是人生观、价值观的问题。人的一生就是起起伏伏，人生得意之时不忘来时的路，人生失意之时未尝不是收获最大的时刻。

十点：

说得很好！

总结 2020 年

2020 年如果你还是亏损，那我真心劝你不要炒股票了，当下你要做的不是赚更多的钱，而是解决亏钱的问题。2020 年可以说是证券市场的丰年，如果这样的年份你还是亏钱，那就真的要反思一下自己是否适合炒股了，除非你是来娱乐的，那另当别论。因此我建议你按我建议的方法，先解决亏损的问题。只要学会了不亏钱的方法，那我们就可以考虑再多赚一点钱。不要还不会走路，就想着跑，越跑越糟糕，错得越来越离谱。

要解决亏损问题，你有两个选择：第一，选择指数资金定投；第二，在年初选择上一年年 K 线收阴的价值股，然后一次性买入，一直持有到年底，如年 K 线收阳，就卖出。这一年不要做任何操作。这两条路中的任何一条路都可以解决你的亏损问题。

同时，生活质量也会大幅度提升，幸福指数也会直线飙升。

2020 年是一个不平凡的年份，全球都经历了疫情的冲击，但是可喜的是，我们的绝大多数粉丝恰恰利用了这次危机的"机"，让疫情这个"黑天鹅事件"营养了自己。真正做到了"反脆弱"，让不确定性对自己有利。2020 年 3 月，大家双倍、四倍的定投迎来了一年丰硕的成果。同时，我们从 2018 年开始布局的价值股，连续两年收益爆发，有些粉丝赚到了自从入市以来最高的一笔收益，而且人还变得更轻松了，不再焦虑和痛苦。这不是靠运气赚来的钱，而是你靠认知提升赚得的，从今往后，你只会越赚越多。

2020 年虽然是证券市场的丰年，但是将近一半的股票还在下跌，接下来市场的分化会越来越严重。截至 2021 年初，沪深两市总共有 4165 只股票，2020 年度下跌的股票有 1800 只，占比将近一半，也就是说，如果只买股票，那么 2020 年你有 50% 的概率是亏钱的，所以选好公司变得非常重要。

我们的价值股总共为 35 只，其中 7 只股票 2020 年是下跌的，如果你从这 35 只价值股中购买一只股票，那么你亏损的概率只有 20%，相对于全市场 50% 的亏损概率，已经大大降低了。还有一个关键信息是，我们的价值股中，那些在 2020 年下跌的股票，在 2021 年上涨的概率极高，因为当前这些公司的估值普遍比较低。而全市场在 2020 年下跌的那些将近 2000 只股票里面，其中一大半在 2021 年继续下跌的概率极大，很可能一辈子都翻身不了。再给大家进一步分析一组数据。这些 2020 年度下跌的价值股中，只有一只在 2019 年度的盈利是下降的（–8.8%），其余股票在 2019 年度的盈利都是大幅增长的，也就是说，拉长两年来看，我们的价值股中只有一家公司是业绩下降的，建议不买它即可，这家公司的质押率有点高，有潜在风险。拉长两年来看，价值股的亏损概率是 2.8%，也就是说赚钱的概率是 97.2%，我相信你们都有这个运气！而平时你们追涨杀跌去争那 50% 的概率，实际赢利的概率不到 5%，因为你永远在追高的路上，也就是说亏钱的概率是 95% 以上，大多数人几乎都没有这个"好运气"，我真心实意地劝你放弃！

价值股中有 10 只股票的涨幅超过 100%，收益翻番的概率将近 30%。2020 年总收益率超过沪深 300 指数（年度收益 27%）的股票有 23 只，跑赢沪深 300 指数的概率为 66%。这个概率已经很高了。我们的十点价值股 30 指数 2020 年的涨幅为 58.26%，远远跑赢沪深 300 指数的 27%，而且连续 2 年大幅跑赢沪深 300 指数（如图 5-1 所示）。

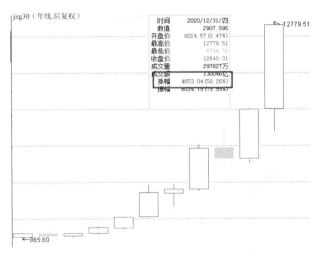

图 5-1　2020 年十点价值股 30 指数涨幅

2019 年十点价值股 30 指数上涨 51%，沪深 300 指数上涨 36%，前者跑赢后者 15 个百分点。如果计算两年累计收益率的话，2019—2020 年十点价值股 30 指数累计上涨 139%，而同期沪深 300 指数上涨 73%，前者跑赢后者 66 个百分点。如果你在 2019 年初买入 10 万元十点价值股 30 指数，那么到 2020 年末你的总资产是 23.9 万元，而同期如果你买入沪深 300 指数基金，那么到 2020 年末你的总资产是 17.3 万元，2 年的收益相差 6.6 万元（这是在 10 万元本金的基础上计算的）。这就是价值投资的魅力所在，选择好公司，然后长期持有，财富就会滚滚而来！

如果你已经播种好了自己的"麦田"，那么现在的浮亏只是冬天的"雪"，"今冬麦盖三层被，来年枕着馒头睡"。希望你每年都能播种属于自己的"麦田"，年年丰收，"粮仓"里面拥有越来越多的存粮。

精选留言

宣再黎：

2020 年是我退休生活第一年，我曾是一个非常讨厌炒股的人，认为炒股就是赌博，所以，从不碰股票的我，一直在好好工作赚钱，生活比上不足比下有余，吃穿住行无忧。我记得大约是 2007 年、2008 年的时候，有一位同事说："你不喜欢炒股，那么你可以买基金呀！把钱放在银行，钱会越来越贬值的。"我将信将疑（其实我是一个没有经济头脑的人），听她所言，我陆陆续续地买了十多万元的基金，初期有点浮盈，后来越亏越多，大约亏了三分之一左右，我干脆关闭账户，不看了。直到 2015 年，我偶然听说股市涨势喜人，大盘几乎要到 6000 点了，我突然想起我的基金，虽然我忘记了账号，但是幸亏以前我记在了小本上，我去查看了一下基金账户，不看不知道，一看吓了一跳，我的账户资金差不多要翻一番了，所以我立刻赎回资金，剩了点零头。这让我尝到了理财的一点甜头。在我赎回基金后，另一位同事又说："我们马上就要退休了，工作也轻松了很多，退休前我们必须要学会炒股。"就这样，我又在一窍不通的情况下进入了股市，用基金盈利而得来的钱非常盲目地购买了股票，同事说买什么，我就买什么，而且是在我们的上班时间偷偷摸摸地操作，结果可想而知，再加上入市时是高点，接着股市就一路下跌，暴跌、融断接二连三发生，我的那些小钱又被我赔进去了，幸亏我的运气还不错，中了几次新股，所以，我总体也没亏多少。

其实，我大约是在 2016 年开始关注"拾个点"公众号的，当时我也没有认真看老师发布的文章，我断断续续地看了一些十点老师预测的大盘走势，所以，没有得到多少帮助。直到退休以后，我才认真地关注起十点老师的文章，每篇必看，并按老师的方法做指数基金定投、买价值股，结果 2020 年的收益和我的退休工资基本持平，感觉非常不错！也怪自己胆子小，不敢多投资金。2021 年我准备跟着十点老师的思路，稍微加大投入，继续定投指数、买价值股做长线。省心又赚钱，何乐而不为呢？

十点：

你是一个悟性很高的人，坚持长期价值投资，不要短线炒股，拒绝投机，给自己增加一点退休生活费，享受生活！

仰天 WoW：

我 2020 年的收益率为 80%，2021 年我可以辞职做职业股民吗？

十点：

不建议。如果你辞职了，时间变得多了，未必会做得好股票，你的压力会更大！

地球人：

我开股票账户已经有十几年了，但很少做股票买卖，挣得也不多，除了 2007 年股市大涨外，我记得 2015 年应该是自己赚得最多的一年，其他时间我虽然也看十点老师的文章，但一直不怎么操作（记得 2017 年十点老师回复我，建议我将手中的股票做价值投资，我也进行了切换，小赚了一些，可能是当时我感觉还没到自己能在股票里挣钱的时候），就这样一直到 2020 年，2 月疫情暴发，价值股开始调整，3 月我果断买入了几只价值股，都有不错的收益。感谢十点老师的引导！

佳明：

我关注十点的公众号已经有好几年了，从来没有按照老师的文章操作过。我入市已经有四五年了，年年亏损。2021 年我会好好学习老师提到的方法，定投指数基金、买价值股票，争取进入到盈利的行列中，我也会继续关注十点老师的分享。

王献东：

我的收获就是越来越了解投资、越来越相信价值投资了，我犯的错误就是总是忍不住操作，今年我还得继续努力。

嫣然一笑：

我从最开始的亏钱，到跟着老师获得30%多收益率的成果，我真的体会到了价值股的投资价值，也学到了很多东西，真的衷心谢谢老师。

桑榆霞满天：

老师好，我是属于总体亏损那一类的散户，但那是我之前的操作造成的。结识十点老师前，我的亏损率达到了35%，在2020年遇到十点老师后，我的亏损率为6%左右，所以我非常感谢老师，感觉与您相见恨晚。目前我按老师指引的方向操作：第一，定投指数基金；第二，买入了两只价值股，虽然收益率还是负的，但我静等花开、不再焦虑了，谢谢老师！！！

三木先生：

2020年我的沪深300指数基金和股票收益率为27%，而同期沪深300指数的涨幅也是27%，我何苦再忍受个股的折腾，影响心情呢？（实际上大多数的散户即使买入了价值股，也往往因为忍受不住底部的折腾而放弃）。所以2021年我还是坚定地走定投沪深300指数基金之路。

骑着八戒奔月：

2020年我亏损了，虽然没有亏损很多，但最终还是亏损了！原因就在于我没有坚持价值投资的理念，见异思迁！我在手中持有的价值股没涨或者涨幅不大时，看着其他的股票一阵疯涨，我的内心开始动摇！然后我卖掉了价值股，去追热点股票，结果这种投

机行为让自己之前的利润全部回吐，还搭上了一部分本金！好在
我及时醒悟，重新回到价值股中来，我相信这次的经历能够让自
己对价值投资的认识变得更加深刻，只有深入了解价值投资的理
念，才能做好真正的价值投资！希望 2021 年自己能够坚持到底，
相信老师，相信自己，更加相信价值投资绝对不会辜负大家的期
待，静待花开之时吧！

华 CN：

这一年来，我在您的引领下努力学习，在投资路上终于找到了正
确的方向，解决了以往总是亏损的问题，我感到非常高兴，因为
我的剩余资本有限，所以我真的亏不起。我计划在 5~10 年中，
利用定投指数基金，积攒资本，再投入价值股，培养赚钱的第二
条腿，摆脱贫困，拥抱财富。忠心感谢十点老师和芒叔老师一年
来辛勤的付出！

银月：

谢谢你，十点老师。我是你的"老粉丝"，自从关注你之后，我
的理念就开始慢慢地转变，直到现在，我每天都到股市上看一
看，但很少操作。2020 年我的收益率超过了 30%，我已经非常开
心、非常满意了（因为我这么多年炒股都几乎没有赚过钱），所
以我非常感谢你，并且我还要继续坚持，努力弥补过去的亏损，
达到真正的盈利。我会在合适的时候买入价值股，然后管住手、
管住手、管住手。

你想活久点吗？寿命和价值投资的关系

　　我粗略做了统计，但凡有点名气的价值投资大师都是长寿者；相反，著名的短线投机者多半短寿，这真的是一个有趣的现象。下面我们就讲讲这个话题。

　　第一位：巴菲特。巴菲特 1930 年 8 月 30 日生于美国内布拉斯加州的奥马哈市。2020 年 4 月 7 日，沃伦·巴菲特以 675 亿美元财富位列《2020 福布斯全球亿万富豪榜》第 4 位。**巴菲特自己说："我每天是跳着踢踏舞去上班的。"**他这一生都是在这样的心境下工作和生活，这应该是他延年益寿的主要原因。

　　第二位：巴菲特的搭档，查理·芒格。他 1924 年出生于美国内布拉斯加州的奥马哈，和巴菲特是老乡！ 2020 年的芒格已经 96 岁高龄了，但是我看到了他的一个采访视频，一个著名的年轻记者的思维完全跟不上他这个 96 岁的老人家，而且他有问必答，言简意赅。**芒格的一生其实很不容易，他早年丧子、离婚，晚年一只眼睛完全失明，妻子先逝。**但是他很快就走出了这些困境，这主要得益于渊博的知识和从事让人快乐的价值投资。芒格是一个非常注重家庭的人，他的一生虽然没有巴菲特积累的金钱多，但是他的生活过得非常幸福美满。虽然他在年轻时与第一任妻子离婚，儿子夭折，但是他与后来的妻子一起生活了几十年，养育了 8 个孩子，而且家庭很和谐。芒格成立了家族基金进行投资，他把大量的时间都投入到家庭生活，他还亲自设计游轮和房子，把家弄得非常舒适。

　　第三位：巴菲特的老同事，当年格雷厄姆－纽曼公司的四个员工之一，沃尔特·施洛斯。这个人也是一个传奇人物，他出生于1916年，比巴菲特还年长14岁，一直活到2002年，97岁时才过世。施洛斯的投资业绩其实比巴菲特还好，在47年的投资生涯里，他的年化收益率达到了20.1%，而巴菲特55年的年化收益率为18.9%。这个人虽然不算聪明，没有上过大学，但当年他上过格雷厄姆的夜校培训班，所以他也算是格雷厄姆的学生，后来他也给格雷厄姆打工，和巴菲特是同事。他也算得到过格雷厄姆的真传，一直坚持投"烟蒂公司"，所以规模一直做不大。直到2002年退休时，他管理的基金规模也才只有1.3亿美元，基金每年都会大比例分红，刻意把基金规模控制得很小，总共大概只有十多名客户，基金帮他们管理了一辈子钱。所以我和芒叔开玩笑："你的起步已经很高了，一开始就有50多名客户，1亿元以上的资金，即使不再新增客户，你帮这批客户管理一辈子钱，将来也是千亿元规模的私募基金。**如果真的能够持续做50年，只要能够保持15%的年化收益率，总共可以获得1083倍收益，不是妥妥的千亿元规模的基金吗？**"

　　第四位：菲利普·费雪。他算是巴菲特的老师，也是查理·芒格的老师，他是巴菲特做大伯克希尔哈撒韦公司的关键人物。菲利普·费雪1907年生于旧金山，是现代投资理论的开路先锋之一、成长股投资策略之父、教父级的投资大师、华尔街极受尊重和推崇的投资家之一。**他于2004年过世，那年他97岁。**费雪的理论核心与格雷厄姆正好相反，格雷厄姆是在股价低于净资产时买入一家公司，在高估时卖出。而费雪是用合理的价格买

入优秀公司，然后长期持有。伯克希尔哈撒韦公司能够做大规模，就是得益于费雪的理论，这个理论当年还是查理·芒格引荐给巴菲特的。否则巴菲特会和他的那位老同事一样，做了 47 年公司，规模还是 1 亿美元。我认为主要还是得益于巴菲特的优秀底子——在哥伦比亚大学的学习经历，他学会了持续学习、提高自己。而他的老同事施洛斯只有高中学历，学到了格雷厄姆的精髓后，坚守了一辈子，当然，他的生活过得也很好了，也不缺钱。

第五位：大名鼎鼎的格雷厄姆。巴菲特的价值投资理念的启蒙老师。本杰明·格雷厄姆，1894 年 5 月 9 日出生于英国伦敦，婴儿时期他随父母移居纽约。他于 1976 年离世，离世时 83 岁。相对于前面几位，他的寿命不算长，但是当你了解了格雷厄姆的生活方式后，你就会发现这个寿命已经很长了。

第六位：欧文·卡恩。他曾为本杰明·格雷厄姆担任助教，也曾是格雷厄姆 - 纽曼投资公司的秘书。**卡恩出生于 1906 年，他于 2015 年过世，享年 109 岁，可能是价值投资大师中最长寿的人，芒格有希望打破他的纪录。**卡恩于 1978 年创办卡恩兄弟集团，担任董事长，管理大约 10 亿美元资产。他坚持每周工作 3 天，乘出租车从纽约上东区公寓前往位于曼哈顿中心的办公室。卡恩的投资方式是挖掘业绩优良却遭市场低估的股票，然后坚定持有。他还对借钱炒股说"不"。他说："我保守地投资，力图避免杠杆。朴素的生活方式也没有什么坏处。"促使卡恩坚定价值投资路线的人，正是价值投资理念的提出者格雷厄姆。价值投资指计算企业的真实价值，仅在其股价足够低时买入它的股票。**卡**

恩说："20 世纪 30 年代，格雷厄姆等人研究出安全边际和价值投资概念，这随即成为我人生的重心。"

第七位和第八位：是投资价投基金的一对长寿夫妇。这两位老人都活过了百岁，为什么这么长寿？因为这辈子很早就不用为钱操心了。2016 年，以色列历史上最大的一笔慈善捐款——4 亿美元，来自已故的霍华德（Howard）和洛蒂·马库斯（Lottie Marcus）夫妇，他们是巴菲特最早的投资人。这笔慈善捐款将用于沙漠农业灌溉研究。霍华德于 2014 年逝世，离世时 105 岁；洛蒂于 2015 年逝世，离世时 100 岁。有意思的是，洛蒂年轻时还认识格雷厄姆。格雷厄姆比她年长 20 岁。**后来她向他请教投资建议时，格雷厄姆介绍了自己的学生巴菲特，于是洛蒂就投了巴菲特的合伙制基金，几十年时间资金翻了几万倍，然后就拥有了巨大的财富。**当然，他们不是只看到数字变多，期间也拿出来花了很多钱，但是实在花不完，据说最后的资产达到 8 亿多美元。巴菲特的伯克希尔哈撒韦公司的股价，最初为 17 美元 / 股，截至 2020 年，股价为 35 万美元 / 股，翻了 2 万多倍（如图 5-2 所示）。

图 5-2　伯克希尔哈撒韦公司月线图

即使我们按照 2 万倍来计算，当初投资 4 万美元，现在就是

8 亿美元。像这种高级知识分子家庭，当初拿出几万美元是完全可能的。当年在奥马哈还有几户巴菲特的邻居，当时就投资了几万美元，现在都是亿万富翁，这就是价值投资的魅力。基本上在投资了巴菲特的基金 10 年、20 年后，这对夫妇就没有为钱工作过，所以他们生活得很幸福、很放松，最后寿命长也很正常。

如果你想要活得久一点，也应该选择价值投资，因为它会让你安心、不焦虑。塔勒布的《反脆弱》告诉我们，人长期处于不间断的压力下，对健康极其不利，而偶尔的强压力有助于健康，因为身体会提升抗压能力。这种长期的不间断压力包括，长期因为生活财务压力而焦虑、长期因为工作压力而焦虑等。特别是之前很多人在做短线投机交易的时候，如果股票跌了，就会失眠；如果股票赚了，就会因为赚得少而不开心。反正横竖都会不快乐。**其实亏点钱是小事情，失去了健康的身体才是大事情。**

我再给大家讲个极端的案例，那就是美国著名的投机大师，可以说是投机天才——利弗莫尔。1929 年他自己赚了 1 亿美元，当时的 1 亿美元超过现在的 1700 亿美元，而当时美国的全年财政收入只有 40 多亿美元。**但就是这样一位天才级的投机大师，60 多岁就死于自杀，留下的遗书写着：我是一个失败者。**最可悲的是，利弗莫尔的一个儿子也在 1975 年自杀身亡，利弗莫尔的孙子亦死于自杀。当然，这个例子有点极端，但是也有必然性，利弗莫尔长年处于高压状态，五次破产，五次重生，这是何等的压力，后来他患上了抑郁症。他暴富后，花天酒地，根本没有正常的生活状态，也没有家庭的天伦之乐，最终整个身体会被掏空。不像价值投资者，慢慢地变富，有很多时间与家人幸福地一起生活，加上价值投资者的情绪不会大起大落，稳稳地生活，没有什么大的压力，自然很长寿。

你们想过什么样的生活呢？

我相信你们自己心中一定有明确的答案了，停止投机，拥抱价值投资，让自己过上幸福的生活，同时，也让子子孙孙都过上幸福生活！最后，我想问一下，**自从采取价值投资策略后，你是不是幸福了很多？**

精选留言

网友冯某某：

十点老师好，我关注你的公众号已经有大半年时间了，我很荣幸能在未开启投资之前遇到你，从读书会到现在，我已经购买了十多本有关价值投资的书，并且一直在拜读，我也开始了定投指数基金，我现在还有个问题想请教老师，我手里有大概90万元的现金，我不知道怎么规划投资，有机构建议我拿出30%投资增值终身寿险，年化收益率为3.7%左右，所以现在我在纠结是买投资类保险，还是选择定投指数基金？请十点老师给点建议，感激不尽。

十点：

毫无疑问要做基金定投，不建议买保险当理财。第一，投资型保险的利率很低；第二，保障功能不足，保险就是保险，一定要突出保障，理财就是理财，两者不要混在一起。

冰蚕丝语：

自从我遇到十点老师、开始价值投资后，想想 20 年后可以不用为钱操心，感觉人生都是美好的。

十点：

未来充满希望！

国债负利率和股市的关系

先给大家看一张很让人震惊的表格，如表 5-1 所示，这是芒叔发给我的。

大家在表 5-1 中发现了什么问题？全球主要国家的国债普遍出现了负利率，也就是说购买国债不但没有收益，还要倒贴，这是什么逻辑？相比之下，中国的国债还有正利率，而且是一家独高，大多数国债正利率的国家的利率也是在 1% 以下，中国 2 年期以上国债的利率都是在 2.18% 以上，30 年期国债利率超过 3%。

那么国债利率的上升和下降到底代表什么呢？**从宏观经济上来看，国债收益率高说明经济走势好，稳定增长，投资回报稳定，投向国债的资金少。**也就是说，国债价格下跌时，体现出投资者开始抛售国债，有不信任的意思，如果国债本身收益率就不高，可以理解为投资者从国债市场撤资投向了股市等高风险资产。总之，国债利率能代表一个国家经济的景气程度和一国的信

表 5-1　全球国债收益率矩阵（2020 年 3 月）

【中金固收】全球国债收益率矩阵（%）

	1年	2年	3年	4年	5年	6年	7年	8年	9年	10年	15年	20年	30年
瑞士	-0.93	-0.95	-0.93	-0.93	-0.92	-0.91	-0.90	-0.90	-0.95	-0.88	-0.73	-0.64	-0.56
德国	-0.79	-0.87	-0.90	-0.88	-0.87	-0.87	-0.84	-0.81	-0.77	-0.71	-0.63	-0.49	-0.29
荷兰		-0.79	-0.79	-0.80	-0.79	-0.74	-0.70	-0.65	-0.62	-0.56	-0.46	-0.27	-0.24
丹麦	-0.83	-0.89		-0.88	-0.83			-0.77		-0.70		-0.51	
芬兰	-0.75	-0.80	-0.74	-0.73	-0.72	-0.64	-0.60	-0.52	-0.46	-0.40	-0.22	-0.15	-0.02
奥地利	-0.70	-0.77	-0.77	-0.74	-0.70	-0.63	-0.54	-0.54	-0.49	-0.43	-0.20	-0.05	0.04
法国	-0.68	-0.74	-0.73	-0.69	-0.62	-0.59	-0.53	-0.50	-0.43	-0.35	-0.14	-0.02	0.33
瑞典		-0.37		-0.59	-0.59	-0.56		-0.51	-0.46	-0.38	-0.22		
比利时	-0.68	-0.70	-0.73	-0.68	-0.62	-0.51	-0.45	-0.41	-0.36	-0.29	-0.14	0.06	0.35
爱尔兰	-0.60	-0.61	-0.60	-0.55	-0.49	-0.40	-0.40	-0.26		-0.19	0.10	0.17	0.48
日本	-0.26	-0.29	-0.29	-0.29	-0.27	-0.31	-0.33	-0.30	-0.23	-0.14	0.03	0.18	0.31
西班牙	-0.50	-0.47	-0.46	-0.33	-0.24	-0.10	-0.02	0.06	0.14	0.21	0.53	0.54	0.95
意大利	-0.18	0.03	0.22	0.34	0.55	0.63	0.75	0.84	0.95	1.07	1.49	1.77	2.03
英国	0.22	0.09	0.11	0.11	0.12	0.09	0.11	0.15	0.22	0.23	0.41	0.57	0.67
美国	0.60	0.56	0.60	0.62	0.65		0.71	0.73	0.75	0.77	0.91	1.11	1.27
中国	1.95	2.18	2.24	2.39	2.42	2.65	2.63	2.68	2.73	2.62			3.29

用等级，对判断市场未来走向有很大的参考作用。特别是在由资金推动的牛市，影响会更大，因为大量的避险资金涌入债市会影响股票市场走向（如图 5-3 所示）。

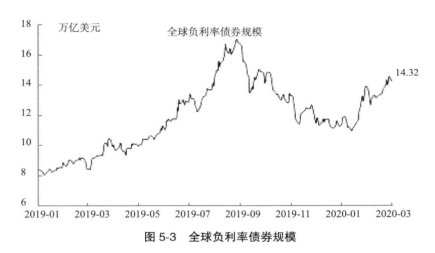

图 5-3　全球负利率债券规模

那么，国债利率的确定主要考虑哪些因素呢?

1. 金融市场利率水平。国债利率必须依据金融市场上各种证券的平均利率水平而定。如果金融市场利率水平提高，那么国债利率也应提高，否则国债发行会遇到困难；如果金融市场平均利率下降，那么国债利率水平也应下调，否则政府会蒙受损失。

2. 银行储蓄利率。一般来说，国债利率以银行利率为基准，一般要略高于同期银行储蓄存款利息，以吸引投资者购买国债。但不要高于银行储蓄存款利率太多，否则会形成存款"大搬家"。

3. 政府的信用状况。一般情况下，由于政府信誉高于证券市场上私人参与者的信誉，所以在政府信誉高的情况下，国债利率会适当低于金融市场平均利率水平。但如果政府信誉不佳，就必须提高国债利率，才能保证国债顺利发行。**比如欧债危机时希腊政府破产，导致国债利率飙升，2011 年希腊的一年期国债利率是 93%。**如果你在年初买 100 万元希腊国债，那么年底就会变成193 万元，但是没有人敢买，因为很可能会血本无归。2020 年希腊的国债利率是 1%，可能是欧洲唯一一个正利率的国家了，说明政府的信用恢复也没有那么快！

4. 社会资金供求状况。当社会资金供应充足时，国债利率即可降低；当社会资金供应紧张时，国债利率必须相应提高。否则，前者可能导致国债额外的利息支付；后者可能导致国债发行不顺利。

国债利率可以很高，但也可以是负的，2011 年时，德国就是少有的国债负利率国家。2011 年欧债危机的时候，德国国债被视为欧元区较为安全的投资资产，德国短期国债收益率一度出现负利率情况。德国国债拍卖出现负利率，也就是说，如果借给德国政府钱，就还要倒给德国政府钱，这样匪夷所思的事情是怎么发生的呢？当时，欧洲金融系统风险空前加大，银行的破产风险使得持有现金已经没有利益，大家只有拿住最稳定、最不会违约的德国国债才保险，造成德国国债收益率出现负值。2011 年 11 月9 日至 2018 年 4 月，德国拍卖 15.25 亿欧元到期国债，收益率为–0.40%，而前次拍卖同类国债时平均收益率为 1.22%。德国国债出现负利率，说明欧元本身风险巨大。

巴菲特经常用 10 年期国债利率来对标一个公司的估值，他说："我们使用无风险利率仅仅是为了对不同的投资对象进行相互比较，换句话说，我们寻找的是最有吸引力的投资对象。为了计算投资对象的现值，我们都需要使用折现率，由于我们永远都能购买国库券（国债），所以，国库券的利率就成了基准利率。"比如，**在国内，我们经常用假设 10 年期长期国债利率是 5% 来对标公司估值，如果一个企业一年盈利 10 亿元，那么它的估值应该是 10 亿元 ÷5%=200 亿元。**这个对标的意思就是说，如果我有 200 亿元，我买入无风险的国债，一年也会有 10 亿元收入。如果用 200 亿元买入的一家公司，一年要是没有 10 亿元的回报，那么还不如去买无风险的国债，毕竟股票风险更大，至少也得多赚点钱才划算吧！但是现在长期国债的利率下降了，所以用这个对标，其他公司估值上升了，比如还是一年利润为 10 亿元的公司，现在 10 年期长期国债利率是 2%，那么对标的的估值是 10 亿元 ÷2%=500 亿元。当然，这是相对的，安全边际肯定是越高越好，所以大家不必过于迷信这个估值对标，关键还是要公司好、生意模式好，如果能买到更便宜的股票那就更好了。

　　总结一下，经济发展到一定程度之后，增速会放缓甚至停止增长，内生增长理论指出，技术进步是唯一的希望。日本就是一个证明了货币宽松政策无法刺激经济，而靠点亮科技树可以抵御少子化、老龄化等种种问题的个例。如果没有新科技突破的话，很可能我们所有人都只能继续在存量博弈的泥潭里挣扎。

— 读者寄语 —

2020 年一次偶然的机会，我看到了十点老师的公众号文章，那是一篇呼吁提高基层教师收入水平的文章，当时我就被十点老师这种正能量和博爱之心所深深地感动和吸引了，随即我又翻看了老师写的很多篇其他文章，所有感受可以总结为一句诗——蓝田日暖玉生烟。自此我就仿佛收获了一位良师益友，每天上午 10 点都必须要第一时间看老师新发布的文章。

市面上从来都不缺关于投资理财的书，但是通俗易懂、雅俗共赏，能将生活常识、正确的价值观和投资理财知识相结合的书却很鲜见。十点老师的有些文章我读过很多次，每次我都有不一样的理解和收获。同样，很多读者也在十点老师价值投资理念和自我修养提升建议的影响下，尝试换个角度重新审视自己的工作、生活、投资等方方面面的事务，找到了最适合自己的投资方式。

十点老师的书将"拾个点"公众号上几年的精华文稿收录其中，从价值观、生活态度、投资理念等多个维度，用精练的语言、身边的事例、正能量的观点，深入剖析和讲解了普通人如何通过"生活—投资—更好地生活"的路径过上财务自由的美好生活。投资本来就是反人性的，十点老师的这3本书可以让我们在焦虑和崩溃的边缘静下心来、潜心修炼，化解内心的浮躁，坚守投资的初衷，与时间为伴，静待花开。

——冯建梅

终于等到这3本书的出版，很荣幸能为这3本书撰写寄语。作者用平实的语言，分享了他宝贵的投资理念和投资经验，为普通人在基金投资策略的选择和执行方面提供了重要的参考建议。作者的文章里包含了诸多人生智慧，不浮不躁，内容很有温度，而且文字简单、易懂、不枯燥、干货多，值得阅读玩味。

——李女士

我曾经偶然读到过一篇十点老师的文章，从此一发不可收。听从十点老师的建议，我从短线操作一步步转向价值投资，理财思维也随之成形。因此，十点老师对我的启发是多方面的，不仅在理财方面，他对我的价值观、世界观都有触动，他让我学会在看问题时，有意识地从正反两方面去思考。比如，在阅读公众号文章时，我不只是阅读自己认可、追随的价值投资类文章，也会去看短线操作类的文章。阅读不同立场见解的公众号文章，可以让我不自缚于信息茧房中，这样对事件才会有一个立体的了解，不人云亦云，在投资上也才能坚持住自己认定的计划而不乱心。

因此，读十点老师的文章，我最深的感悟就是：人要活到老学到老，这真的会让生活充满阳光、让生命延长！

纸短意长，绵思不绝，我就不再多写了，且看十点老师的书，一定会让你受益匪浅！

——人间有味是清欢

我思考了很多很多，才发现十点老师在工作、生活、投资等方面的观念和感悟时时刻刻都在影响和激励着我，对我们年轻人的人生观和价值观有着深远的影响！十点老师是一位善良、有爱、有智慧的人，十点老师在微信公众号"拾个点"中发布的每一篇文章我都认真读过，在喜马拉雅 App 发布的每一个音频节目我都认真听过。现在十点老师的精华文章被集结成书，可以更方便地传播他的投资理念，推荐大家认真阅读并运用到生活中，相信大家会有更大的收获。

——ove@mo 刘晓燕

很高兴十点老师的新书即将出版，作为书稿整理的参与者之一，我感慨良多。认识十点老师的这几年，也是自己在价值投资的道路上不断学习、思考、总结的几年，从以前只知道短线炒股、做差价，到现在持股几年波澜不惊，慢慢享受企业的经营成果和红利分配，我的心境也淡定了许多。投资如同生活一样，都不是一朝一夕的事情，而是一辈子的事情。投资只能为你锦上添花，不能给你雪中送炭，不切实际的回报预期往往是悲剧的根源，梦想一夜暴富的人终究会被市场收割。希望在以后的投资道路上继续和十点老师及朋友们一起前行，收获属于自己的丰硕果实。

——章兵

　　时间过得很快，但也过得很慢。感觉过得快，是因为我已经记不清自己是从什么时候开始阅读十点老师的文章了，但我仍清晰地记得在 2019 年 5 月 11 日我参加了十点老师在杭州举办的粉丝线下见面会，见到了年轻有为的十点老师和芒叔。也是从那一刻起，价值投资的种子在我的内心扎根，慢慢地生根发芽。而感觉过得慢，是因为十点老师出书的过程一波数折，真是一个漫长的过程，好在这 3 本书现在终于要面世了，首先我要祝贺十点老师的新书即将出版发行，为迷途中的价值投资者指点迷津；同时也祝愿十点的粉丝们坚守初心，在漫长的价值投资道路上砥砺前行！

——鹏

　　之所以认识十点老师，是因为多年前曾看到他在公众号上讲解与短线相关的系列知识，我当时觉得甚好，还写了满满一本笔记，并实践操作，甚至买到过第二天即连续涨停的个股。因为是追龙头股，所以我每天都要看盘和操作，连在外地旅游也要时不时看看手机。犹记得那年我和朋友去爬华山，一天下来身体已经极度疲乏，但因追的个股当日跌停，所以晚上我还到网吧找电脑下载软件仔细复盘，判断第二日要不要止损，还因此被朋友嘲笑了好久。但这样天天追涨杀跌，一年半载地操作下来，劳心又劳力，不仅没赚到钱，还倒亏不少。

　　不知从哪一日开始，十点老师的公众号上不再发布短线操作的内容，而是开始介绍价值投资和指数基金定投，读着读着，我犹如醍醐灌顶，心想："股票原来还能这样做，还能像攒零花钱一样去攒基金。"于是我又开始记笔记，慢慢地降低操作频率。晚上我不再复盘寻找所谓龙头强势股，外出旅游时也不再频繁地看手机，该吃吃，该睡睡，该玩的时候就尽兴玩，每天不用复盘、看盘，感觉时间都多了不少。渐渐地，我的笔记越记越薄，操作也越来越少，尤其是在 2022 年，除了买卖新债，我几乎都没有操作个股。刚刚总结了一下，截至 10 月，2022 年没有亏损，还略有盈余。

　　都说股市是"七亏二平一赚"，我是属于"一赚"中的那部分人。因为要买房子，我在 2008 年卖掉了持有很多年的一只股票；还是因为要买房子，我在 2010 年又卖掉了仓位最多的个股，这两只股票都是我在 2002 年或 2003 年以极低价格买入的，只是因为需要买房子且股票有盈利，所以才卖掉的（应该都赚了很多倍，除了卖股票，我没有其他付首付的资金来源）。当时我不懂股票，只觉得自己很幸运，因为写这个寄语时我特意打开软件看了看，当时卖掉股票的价格几乎是历史最高价，而且其中一只后来还退市了。现在我跟着十点老师学习了很多价值投资方面的知识，才明白那时无意中的操作，不就是价值投资的体现吗？在市场低落时买入，坚定持有，直到价格体现价值或市场无比狂热时卖出。

——江莲

这是十点老师花费整整 7 年时间撰写，又经过精挑细选、反复打磨的一套理财观念大合集。从基金定投到价值投资，再到享受慢慢变富的过程，阅读这三本书，可以让我们的生活过得更有意义，让普通人不再为钱所困，能活出自己的价值。正如十点老师自己所说："这是投资与生活的完美结合。"这的确是一套让我们消除理财焦虑、重塑理财观念的好书。

——萸之睿

与十点老师结缘是我人生的一大幸事！感谢网络让我有幸认识十点老师，他让我重新开始阅读经典、名人佳作与传记，让我拓宽视野，更好地认识世界。他让我重新认识了投资，教导我只投资宽基指数基金，将投资的风险降到最低，获取长期收益。他的书深入浅出，让我进一步认识到股市投资盈利的本质，还让我明白：如果想要短期暴富，请远离股市；如果想要投机，也请远离股市。因为用短期投机方式做股票的人几乎都会以失败告终。

——何安利

看十点老师的文章让我受益颇多，很感谢有这么一个平台，让我能够了解价值投资、拥抱价值投资，希望十点老师输出的内容能被更多人所知晓。

——拆了东墙后来

要与对的人做伴要做对的事，与十点君相识是在西湖湖畔的线下见面会上。通过倾听十点君的演讲，我感觉他是我投资路上的那个领路人；通过阅读十点君的文章，我深刻理解了如何才能做对的事。

记得上学时，青岛一位挚友送我一句话："众里寻他千百度，蓦然回首，那人却在，灯火阑珊处。"自从接触十点君的价值投资思想后，我总会联想到王国维大师的人生三境界。"独上高楼，望尽天涯路"，恰似十点君畅谈的投资境界——价值投资，指明了光的方向，告诉我们对的事情该是什么样子。"衣带渐宽终不悔"，恰似十点君每天发布的与我们相伴的文章，告诉我们对的路需要一点点走下去，慢下来、静下心来，用慢思考的方式删繁就简，从投资前辈们的智慧中吸取能量，因为深度的意义远大于速度。在投资的路上，要锲而不舍地学习，也要耐心地等待，相信聚沙成塔的积累终会让我寻到灯火阑珊处的"那人"。

愿与十点君做一生智慧的朋友，与大家携手一生做对的事。

——古风

十点君所有从 0 到 1 的尝试，都让人佩服。这次新书出版的内容整理工作，我有幸参与其中，哪怕参与的是非常微不足道的一部分，也让我有了"与十点君有了联结"的自豪。我欣慰于借由十点君新书的出版，可以帮助到千千万万像我一样需要帮助、渴望成长的普通人。

——钱珑

—— 致　谢 ——

感谢以下粉丝参与书稿文章的整理

冯建梅	罗庆鹏	蒋明雷	古风
罗以为然	江莲	何安利	赵立国
石钟敏	王丽霞	LOVE@mo	北冥有鱼
周晋	李晨阳	Lee	沈春钰
章兵			

感谢以下粉丝报名参与书稿文章的修订

读星人	萧风	北北	顺祥
业精于勤	一苇渡江	菊花普洱茶	鱼
张晓波	Fiona	嫦	彩虹
北海	陈然	诗意	孔德东
徐建新	Onlook	无影	拾画
天天红	hollow	青水	朱先生
千里暖阳	居正	钉子	宁静致远
ripper	海阔天空	欢	浩

青弦	梅丽华	川坝滩	歌酒叁逗
Lily	yan	风之花	s liang H.
流水	HN	宝天曼山人	依杰
不侠不乐	如是	朝阳	强
zzZ	满天星	天使	阳
龙大叔	辈	老鱼三十	Bared
蒋绪军	天府康康	海棠	瑞宝
小胖仙	稻草人	幸福感之阳光鹏博士	
chemcyric	清沁	晴耕雨读	喜欢独处的猫
龟龟豆儿	蔡蔡	茗香绕衣	忘忧草
刘敏	释然	夏日清风	罗绿垚
耐心等待	大海	夏夜星空	哈哈
濮水画廊	凯	mangogo	燕子
雨露	wei ping	小橘	滕
叮当	93°	如风	欧达
赵力	赵春涛	张治广	adnmac
zhao	冯永东	安宁的宁	A 久利会计汪
白彬	北方	犇	奔跑的蜗牛
兵	冰心无泪	bing.Y	刘博
周凯生	彩色天空	彩英	沧海一笑
曹曹	草萌	cele	茶茶
超凡	超悦自己	陈 99	陈春坡
冯玉侠	澄明	陈工	橙子
陈洁	chen_qiji	晨星	孤影随行

春哥	春雨江南	慈书平	走走看看创世纪
崔喜君	淡定	丹桂飘香	Dawn
大舞台	邓子	定投张步亭	子午熹希
东方旭	冬眠	懂你	豆荚
敦明本初	杜堃	陆鹏山	fandh
fei.shi	飞天小翔	菲	斐
李金贵	肖峰	锋	追逐
Fishriver	高	和杰	顾国兴
贵州老鬼	haihuer	顶级气氛组	人生不相见
胡尽喜	昊	好心情	好运归来
harry	何文兵	HF	宏伟蓝湾
红霞	厚凡	HTony	Hu
浣福君	辉	黄小	火箭
王佳奕	J.CHEN	Jessie	陈惠芳
坚	杨志刚	蒋华江	江南
健团	贾西贝	进步	单恋一枝花蒋颖
金豆佳音	静谧	近看花开	汪建芳
开心苹果	kake	可可美	KEN
可妮兔爪爪	若尘	空心菜	落笔成剑
蓝精灵	老班阿鹏	老赵	梁琅
李航宇	李建	李杰	震泽银池
黎明	琳	李鼐财	聆听品茶
李鹏	刘慧	liujun	浏览天下
刘文骏	李显	李晓波	立行

立志	李志国	张细平	龙腾虎跃
龙行天道	乱云飞度	罗国飞	罗江敏
lyx	Maggie Ma	Maggie S	慢就是快
漫曼	Manny	赵艳霞	馒头
杨佳沁	蚂蚁快跑	Min	茗香
明心	皞	七月学长	MT
木愚	南坊青木	南飞燕	宁静
孙之烨	宁若	NL	Original
区永圻	彭崇信	刘平	平凡的世界
高小飞	愆	钱妈	青春作伴
轻风	清风飞扬	清风烟雨	清欢
青年	情义无价	七千岁	秋冬雨
RAMBLING	Raymond	日月星	冯巧
山气日夕佳	邵毅	水润无声	瘦是一种态度
顺利如意	silence	sim168	Sue
苏杭	suixin	随意	素俪
孙	孙大笑	孙桥	孙雯郁
孙岩	苏伟光	汤汤	Terry
天蓝蓝	天气很好	田秀芳	田野
照远行安	王舒颖	王彦宏	王志永
我是第一	Wqm	吴凯	无声的雨
赵雪	无与伦比	XCX	想个名字
湘江之水	识墨闻香	小呆呆	笑看未来
小美	晓平	小魏	谢良胜

心安	田从丰	郑泽洲	杏花
行云流水	心灵自由	宣兵多瞩	阳光无限
阳光正好	杨积慧	杨忠洋	野马
液态金属	易	壹力	英才书店张时亮
营长	银河	wxy121105	一言斋
Youhe	远航的帆	袁廷鑫	远影
冰点冷水	运动人生	愚傅	雨田
渔舟唱晚	YZF	翟	璋
Zhang	张建	张磊	张黎
张明珠